QU'EST-CE QU'UNE PERSONNE ?

COMITÉ ÉDITORIAL

CHEMINS PHILOSOPHIQUES

Collection dirigée par Roger POUIVET

S. CHAUVIER

QU'EST-CE QU'UNE PERSONNE ?

Paris

LIBRAIRIE PHILOSOPHIQUE J. VRIN

6, place de la Sorbonne, V^e

2012

© *Librairie Philosophique J. VRIN*, 2003

Imprimé en France

ISSN 1762-7184

ISBN 978-2-7116-1624-4

www.vrin.fr

QU'EST-CE QU'UNE PERSONNE ?

INTRODUCTION

Il peut arriver que nous posions *à quelqu'un* une question de la forme « qu'est-ce qu'un F ? » (« qu'est-ce qu'un gluon ? », « qu'est-ce qu'un épicycle ? », etc.). C'est que nous venons d'entendre pour la première fois le mot « F » et que nous n'en devinons pas le sens. Nous avons alors besoin d'une *définition nominale*, une définition qui nous rende à notre tour capables de faire usage du mot. Mais il arrive aussi que, quoique le mot « F » fasse partie de notre vocabulaire courant et que nous sachions l'utiliser, nous *nous* posions à nous-mêmes une question de la forme « qu'est-ce qu'un F ? » (« qu'est-ce qu'un nombre ? », « qu'est-ce qu'un jeu ? » etc.). Dans ce cas, c'est d'une *définition réelle* que nous sommes en quête, une définition non du mot, mais de la chose elle-même.

Deux raisons au moins peuvent motiver la recherche d'une définition réelle. La première est que, quoique disposant d'une capacité *pratique* à appliquer un certain concept, nous pouvons découvrir que nous ignorons ce qui motive notre pratique. Par exemple, nous pouvons savoir distinguer un jeu d'une activité sérieuse et reconnaître différents types de jeux, mais nous pouvons en venir à découvrir que nous ne savons pas *définir* ce que c'est qu'un jeu[1]. Nous dirons que nous connaissons divers *symptômes* du jeu, mais que nous ignorons ce qui constitue son *essence*. Une autre raison pour laquelle nous pouvons être amenés à rechercher une définition réelle, c'est lorsque, dans l'usage même d'un certain concept, il nous arrive de temps à autre de buter sur des problèmes de *frontières* : lorsque certaines conditions varient de manière importante, nous ne savons plus si nous avons encore affaire à un F ou à quelque espèce voisine : l'accumulation de quelques grains de blé fait-elle déjà un *tas* de blé[2] ? Les symptômes sont dans ce cas indécis et nous avons besoin de *critères*. Ces *critères* ne sont rien d'autre que les constituants de l'*essence*. Mais lorsqu'on parle de la recherche de critères, plutôt que de celle de l'essence, on met l'accent sur le fait que la recherche n'a pas seulement pour but notre bien-être cognitif. Elle est appelée par l'usage individuellement hésitant ou socialement divergent du concept, dans certains cas critiques.

Dans les pages qui suivent, c'est évidemment d'une définition réelle du concept de personne dont il sera question. Le mot « personne » est en effet d'usage courant et rares sont sans doute les lecteurs qui ne comptent pas le mot « personne » dans leur vocabulaire. En outre notre recherche sera mieux décrite comme une recherche de critères que comme une recherche de l'essence, car ce n'est pas seulement de notre bien-être cognitif que nous allons nous soucier. En effet, si le mot « personne » est d'usage courant, il peut arriver que les symptômes auxquels nous nous fions pour distinguer une personne d'une non-personne soient indécis. Un embryon humain est-il une personne ?

---

1. Ludwig Wittgenstein, *Investigations philosophiques*, §66, trad. P. Klossowski, Paris, Gallimard, 1961, p. 147 *sq.*

2. Cf. Robert Muller, *Les Mégariques. Fragments et témoignages*, Paris, Vrin, 1985, p. 79-84.

Quelques animaux, notamment les grands singes, sont-ils des personnes? Une machine peut-elle être une personne? Autant de questions qui requièrent de passer des symptômes aux critères. Mais le concept de personne soulève en outre, dans ses emplois courants, des problèmes d'une nature plus particulière. Considérons par exemple le concept de lapin. Il peut arriver que nous ne soyons pas en mesure de déterminer si tel lapin que nous rencontrons est ou n'est pas le même que celui que nous avons rencontré le jour précédent. Cette indécision est toutefois de nature épistémique : elle concerne notre *connaissance* du lapin que nous avons sous les yeux, mais non pas notre *concept* de ce que c'est qu'un lapin et de ce que c'est, pour un lapin, que de rester le même lapin au long du temps. Nous pouvons être certains que, en soi, le lapin que nous avons devant nous, ou bien est le même, ou bien n'est pas le même que celui que nous avons rencontré hier. Mais supposons que, à la suite d'un grave accident, un homme perde totalement la mémoire de sa vie antérieure et se révèle avoir un caractère, des idées, des manières de parler et d'agir radicalement nouvelles. Devrons-nous dire que nous avons affaire à une nouvelle personne ou bien que la même personne a changé radicalement de personnalité? Un tel problème ne concerne plus cette fois notre connaissance de la personne en question et une enquête empirique attentive ne serait ici d'aucun secours. Le problème concerne notre concept de personne lui-même et, en l'occurrence, ce qu'il faut entendre pas *une* personne et par *la même* personne. Autrement dit, si nous pouvons rencontrer des difficultés pour déterminer *ce qui est* une personne, nous pouvons aussi en rencontrer pour déterminer ce qui est *une et la même* personne. Ce ne sont donc pas seulement les frontières *externes* de l'extension du concept de personne qui, dans certains cas, sont imprécises. Ce sont aussi les frontières *internes* entre les éléments de cette extension qui peuvent s'avérer incertaines.

Sans doute se trouve-t-il d'autres concepts, parmi ceux dont nous sommes équipés, à pâtir de ce genre d'imprécisions :

mais tous n'*exigent* pas que nous nous livrions à des investigations éidétiques. Nous pourrions nous *divertir* à demander :
« Qu'est-ce qu'un tas ? » ou « Qu'est-ce qu'une fuite ? », mais
ce n'est pas seulement par manière d'occupation qu'on
en vient à se demander : « Qu'est-ce qu'une personne ? ». Ce
concept joue un rôle central, non seulement dans l'application
de nos idées juridiques et morales, mais aussi dans la formulation et la justification de ces idées, au point qu'un auteur
comme Kant a prétendu que la seule différence qui était pertinente d'un point de vue juridique et moral était la différence
entre les personnes et les choses[1]. Or, même si l'on peut
contester que cette dichotomie soit suffisante, il n'en reste pas
moins que le fait qu'un être soit une personne crée un ensemble
d'obligations particulières à son égard. D'autre part le fait
qu'une personne puisse rester la même personne au long du
temps est une condition nécessaire à l'usage de notre concept
de responsabilité et à la mise en œuvre de notre droit civil
et pénal. Ce n'est donc pas seulement par manière de jeu que
l'on peut en venir à se demander quelles créatures sont des
personnes et à quelles conditions une personne reste la même
personne au long du temps. Ce que nous faisons aux personnes
nous importe particulièrement.

La personne et son hypostase

On a souvent insisté, à la suite de Boèce (480-524), sur
l'origine du concept de personne. Dans son *Contra Eutychen
et Nestorium*[2], le premier texte philosophique à renfermer une

---

1. Emmanuel Kant, *Introduction à la métaphysique des mœurs*, trad.
A. Renaut, Paris, GF-Flammarion, 1994, p. 175.
2. Boethius, *The Theological Tractates*, ed. G. P. Goold, Cambridge
(Mass.), Harvard University Press, The Loeb Classical Library, 1973,

tentative de définition réelle du concept de personne, Boèce rappelle en effet que *persona* désigne originellement, en latin, le masque que revêt l'acteur et qui fait de lui, pendant le temps de la représentation, Hécube ou Médée. Le corps et la voix de *n'importe quel* acteur peuvent devenir le corps et la voix d'Hécube dès que l'acteur a placé la *persona* d'Hécube devant son visage et qu'il fait résonner au travers du masque les paroles que le poète a associées au nom d'Hécube[1]. D'après Boèce, les latins en seraient ensuite venus à appeler « personne » chaque homme (réel) qu'ils connaissaient « d'après sa figure », *pro sui forma*. Si l'acteur peut changer de *persona* et si plusieurs acteurs peuvent revêtir la même *persona*, chaque homme aurait sa propre *forma*, ce par quoi il se fait connaître comme cet homme individuel : le « personnage », non point qu'il joue, mais qu'il *est*, tel que nous le révèlent ses paroles et ses actes. La *forma* serait toujours un masque si l'on veut, mais un masque qui nous collerait à la peau. En outre, tandis que le poète serait l'auteur de la *persona* d'Hécube, nous serions nous-même les auteurs de notre propre *forma* et les acteurs d'un rôle écrit par nous et pour nous.

Ces métaphores, que l'étymologie suggérée par Boèce permet d'associer au mot « personne », sont instructives parce qu'elles permettent de prendre conscience de l'équivoque qui caractérise les emplois courants du mot « personne », une équivoque que toute tentative de définition réelle du concept de personne doit commencer par lever. Le mot « personne » semble en effet avoir deux sens différents selon que l'on dit d'un être qu'il est *une* personne ou selon que l'on parle de *la* personne qu'il est. Quand on dit d'un être qu'il est une

---

p. 72-129 ; trad. H. Merle dans Boèce, *Courts traités de théologie*, Paris, Cerf, 1991, p. 43-84.

1. « Persona » viendrait de « per-sonare », résonner en passant au travers du masque.

personne, on emploie le mot « personne » comme un *concept sortal*, autrement dit un concept qui représente la *sorte* de chose qu'est une certaine chose[1]. En l'occurrence, dire d'un être qu'il est une personne, c'est dire, par exemple, et nous allons bien sûr y revenir, qu'il est un être doté d'une aptitude à la conscience de soi. En ce sens, un homme est une personne, tandis qu'une pierre n'en est pas une. Mais lorsque nous parlons, non plus du fait qu'un certain être est *une* personne, mais de *la* personne qu'il est, nous n'employons plus le mot « personne » pour désigner un certain être capable de conscience de soi, mais pour désigner le contenu de sa conscience de soi, c'est-à-dire la *persona* qui se trouve endossée par cette créature, le « personnage », non pas qu'elle joue, mais bien qu'elle *est*. C'est comme si nous avions un même mot pour désigner l'acteur et le rôle qu'il joue. Un acteur est quelqu'un qui peut jouer divers rôles. Mais imaginons un acteur qui ne pourrait jouer qu'un seul et unique rôle et qui, en outre, serait contraint de le jouer toujours, à chaque instant, de sorte qu'il n'y ait nul moment où il ne soit pas en train d'incarner son personnage. Tout se passe comme si le même mot « personne » désignait à la fois cet acteur et son rôle unique : être *une* personne, ce serait être un acteur à unique emploi, autrement dit être de cette sorte d'êtres qui peuvent jouer un rôle, mais un unique rôle. Et *la* personne que l'on est, ce serait cette fois le rôle unique que l'on jouerait sans cesse et qui serait nous.

Pourquoi cette équivoque est-elle fâcheuse et pourquoi est-il donc important de la lever ? Pour la raison que, selon la

---

1. On oppose les concepts sortaux, comme « animal », et les concepts caractérisants, comme « rouge ». Quand on sait qu'une chose est un animal, on sait quelle sorte de chose elle est. En revanche, quand on sait qu'une chose est rouge, on ne sait pas à quelle sorte de chose on a affaire. Sur cette distinction, cf. Peter Strawson, *Les Individus*, trad. P. Drong et A. Shalom, Paris, Seuil, 1973, p. 189.

manière dont on entend le concept de personne, les *conditions d'identité* qui lui sont associées ne sont pas les mêmes. Reprenons notre exemple de l'homme qui, à la suite d'un accident, perd entièrement la mémoire et se présente à nous avec un caractère, des idées, etc. totalement différents. Si nous prenons le mot « personne » comme désignant un être capable de conscience de soi, nous devrons dire que nous avons affaire à la même personne, puisque c'est en effet au même être capable de conscience de soi, au même corps humain et peut-être à la même âme que nous avons affaire avant comme après l'accident. Nous serons donc enclins à dire que cette personne a seulement subi un profond changement de « personnalité » à la suite de son accident. Mais si nous prenons le mot « personne » comme désignant cette fois le « personnage » que l'on est, le contenu de notre conscience de soi, force sera de dire que nous n'avons plus affaire à la même personne puisque, dans notre hypothèse, les deux « personnages », celui qui précède et celui qui apparaît après l'accident, sont aussi différents que le sont le Docteur Jekyll et Mr Hyde. Or il n'est évidemment pas possible que la personne à laquelle nous avons affaire soit à la fois la même et pas la même que celle qui existait avant l'accident. Il nous faut donc choisir entre ces sens !

Ce choix est l'affaire principale de la philosophie de la personne. Il permet en effet de faire le partage entre ce que nous appellerons des conceptions « ontologiques » et des conceptions « cognitionnistes » de la personne. D'après les premières, une personne est une substance individuelle, un être concret doté d'une aptitude à la conscience de soi ; d'après les secondes, une personne est une conscience de soi incarnée[1]. Ces deux positions s'opposent donc à la fois sur ce qu'il

---

1. Les conceptions ontologiques de la personne sont les plus communes, aussi bien parmi les philosophes qu'aux yeux du sens commun. Les conceptions cognitionnistes ont pour précurseur Locke (*Essai sur l'entendement*

faut entendre par « une personne », mais aussi et surtout sur ce qu'il faut entendre par « la même personne ». Dans le premier cas, nous avons affaire à la même personne, tant que nous avons affaire au même être concret conscient de soi, quand bien même le contenu de sa conscience de soi subirait de radicales transformations. Dans le second cas au contraire, nous avons affaire à la même personne tant que nous avons affaire à la même conscience de soi, de sorte qu'un même être concret pourrait être successivement plusieurs personnes si le contenu de sa conscience de soi était radicalement transformé. Cette divergence est cruciale lorsqu'on se penche, comme nous le ferons dans la seconde partie de cet essai, sur le problème de la responsabilité des personnes ou sur celui de la rationalité de leur conduite vis-à-vis de leur propre avenir.

On s'étonnera peut-être toutefois que la philosophie de la personne puisse être suspendue à un choix aussi étrange que celui que nous avons proposé, puisque le problème qui le motive, celui de l'identité personnelle de l'Accidenté, est purement fictif : comment la connaissance de la réalité pourrait-elle dépendre de l'examen d'une fiction ? Mais cette perplexité disparaîtra si l'on veut bien se rendre attentif à ce qui est en question. Ce qui est en question, c'est, en dernière analyse, le *sens* qu'il convient de donner à un mot dont l'usage ordinaire suscite quelques embarras. Or, pour savoir quel sens il convient de donner à un mot dont l'usage *ordinaire* suscite quelques embarras, on ne peut invoquer les cas ordinaires d'emploi de ce mot puisque, précisément, ces cas ne permet-

---

humain, II, xxiv, trad. J.-M. Vienne, Paris, Vrin, 2001), mais rares sont les philosophes immédiatement postérieurs à avoir admis les vues de Locke, à l'exception notable de Hume, qui les a radicalisées. Les vues de Locke ont cependant aujourd'hui un regain de faveur, sans doute parce qu'on est plus attentif au « voile des mots » et plus scrupuleux lorsqu'on se livre à des analyses métaphysiques. La conception que nous allons développer se rattache à cette ligne d'inspiration.

tent pas de faire la décision. On est donc conduit à forger des cas fictifs, choisis de telle sorte qu'ils permettent de mettre en lumière les aspects *essentiels* de la chose, ceux qui doivent entrer dans la composition du *sens* du mot litigieux. C'est donc le rôle que joue le cas fictif que nous avons introduit : il révèle ce que sont les choix possibles quant au *sens* du mot personne en mettant en concurrence deux candidats possibles au statut d'*essence* de la personne : l'être concret qu'est toute personne ordinaire ou bien la conscience de soi qui transforme cet être concret en personne.

Nous allons essayer de montrer pourquoi on doit raisonnablement opter pour la seconde de ces deux possibilités et souscrire à une conception « cognitionniste » de la personne. Nous allons voir en effet que la première définition du mot « personne » que nous ayons mentionnée, une définition pourtant usuelle de ce mot et qui est sous-jacente aux conceptions ontologiques de la personne, n'est pas acceptable. Quand on dit qu'une personne est un être *capable* de conscience de soi, tout se passe en effet comme si on laissait entendre que le fait d'avoir une conscience de soi *déterminée* n'était pas *essentiel* au fait d'être une personne. Cette définition ressemble donc plutôt à celle qu'on donnerait d'un acteur qui, effectivement, peut endosser plusieurs rôles, sans cesser d'être le même acteur. Mais précisément, comme nous allons essayer de le mettre en évidence, si l'on cherche à saisir ce qu'est vraiment une personne, on s'aperçoit qu'il est incohérent ou contradictoire de s'en tenir à une simple capacité ou aptitude : une personne n'est pas un être *capable* de conscience de soi, c'est un être *conscient* de soi, de sorte qu'il reste la même personne seulement s'il conserve la même conscience de soi et cela en raison du rôle joué par la conscience de soi dans la conduite des personnes.

Pour introduire cette idée, nous allons prendre à nouveau appui sur le traité de Boèce qui renferme une définition du

concept de personne qui fera école et que nous allons exploiter.
Le traité de Boèce a pour objet une controverse théologique
concernant la double nature du Christ, à la fois homme et Dieu.
Cette controverse a des rapports étroits avec celle concernant
la Trinité. Et, de fait, c'est essentiellement dans le contexte
de ces controverses que l'on s'est d'abord employé à donner
une définition réelle du concept de personne[1]. Dans son traité,
Boèce entend écarter deux opinions hérétiques : celle de
Nestorius, selon qui il y a dans le Christ deux natures *donc*
deux personnes ; et celle d'Eutychès, selon qui il y a dans le
Christ une personne *donc* une unique nature. D'après Boèce,
l'opinion correcte est qu'il y a dans le Christ deux natures,
mais une seule personne, celle de Jésus-Christ[2]. Ce qui nous
importe ici n'est pas la controverse théologique elle-même,
mais les raisons pour lesquelles elle impose d'introduire le
concept de personne et, surtout, le sens que ce concept revêt.
On peut se demander pourquoi les Chrétiens ont eu besoin de
ce concept de personne ou, plus précisément, pourquoi ils ont
eu besoin d'élargir le vocabulaire de l'être en y introduisant
ce concept. La raison en est que le Christianisme apporte avec
lui, d'un point de vue ontologique, une situation radicalement
originale : d'un coté, dans le Christ, une unique entité individuelle relevant cependant de deux natures distinctes : l'humaine et la divine ; de l'autre, en Dieu, une unique entité divine
se présentant cependant comme Père, Fils et Saint-Esprit.
L'originalité ontologique vient ici de ce que, en dehors du dieu
chrétien, les êtres « ordinaires » relèvent chacun d'une seule

---

1. Comme l'écrit Étienne Gilson : « En fait, presque tout ce que nous
savons de la philosophie de la personne se trouve chez les penseurs du Moyen
Âge dans les questions qu'ils consacrent à la théologie de la Trinité » (*L'esprit
de la philosophie médiévale*, Paris, Vrin, 1978, p. 210).
2. Position qu'il faut rapprocher et opposer à celle qui concerne la Trinité :
une nature, mais trois personnes.

nature : ce sont des lapins, des hommes, des maisons et ces « natures communes » sont partagées par des individus numériquement distincts : un lapin est numériquement distinct d'un autre, quoique tous deux soient d'une même nature. Le concept de personne va donc permettre de contourner cette « normalité » : il sera défini de façon qu'on puisse comprendre[1] comment une même personne peut avoir deux natures (le Christ) et comment une même nature (divine) peut exister en trois personnes (Père, Fils et Saint-Esprit) sans qu'on doive parler de trois individus de cette nature (trois dieux).

Examinons donc la manière dont le concept de personne se trouve défini par Boèce, en délaissant cependant désormais les questions théologiques qui ont motivé son introduction. Il nous faut encore nous livrer à une petite digression préalable afin d'éclairer quelque peu le vocabulaire utilisé par Boèce. Le vocabulaire ontologique des prédécesseurs des Chrétiens était ajusté à la situation « normale » que nous avons décrite. Ils considéraient les individus existants comme des *substances individuelles* ayant une certaine *essence* ou *nature*, cette essence étant le plus souvent commune à des substances individuelles de même espèce. Ainsi, dans ce langage, un lapin est une substance individuelle ayant pour essence ou nature la « lapinité », cette nature étant commune à tous les lapins. À l'époque de Boèce, ce vocabulaire de l'être s'était quelque peu modifié, notamment pour lever certaines équivoques du vocabulaire d'Aristote[2]. En grec, on en était venu à distinguer l'*ousia*, que les latins rendront pas *essentia* ou *natura*,

---

1. En prenant ce mot de « comprendre » *cum grano salis*.
2. Aristote employait le même mot « ousia » pour désigner tantôt l'individu, tantôt l'essence ou nature de cet individu. C'est la célèbre distinction entre substances premières et substances secondes. Cf. *Catégories*, 2a 11-16 (trad. J. Tricot, Paris, Vrin, 1997, p. 7).

qui désigne donc désormais l'essence ou nature d'un étant individuel, et l'*hypostasis*, que les latins rendront par *substantia*, qui désigne cette fois l'étant *individuel* qui est d'une certaine nature ou essence (par exemple, homme) et qui en même temps porte dans l'être certains *accidents*[1] (brun, assis, souriant, etc.). Boèce conserve ce langage, mais il lui ajoute notre concept de personne, en sous-divisant le concept d'hypostase, selon le type de nature que l'hypostase actualise ou, devrait-on dire, « existentialise ». Une personne est une hypostase, mais c'est l'hypostase d'une nature rationnelle[2]. Autrement dit, tout existant individuel est l'hypostase d'une nature commune (un arbre, une maison, un homme), mais sont des personnes les êtres individuels qui sont l'hypostase d'une nature rationnelle.

Ce langage d'un autre temps rebutera peut-être quelques lecteurs. Nous allons voir cependant que, malgré les apparences, cette définition est tout à fait éclairante en ce qu'elle permet de lever l'équivoque que nous avons identifiée précédemment.

Soulignons d'abord que la division entre personnes et non-personnes qu'introduit Boèce est une division non pas entre des sortes de choses ou des natures, mais entre des modes d'être. C'est, si l'on veut, une division ontologique, prise d'une différence entre modes d'exister et non pas une division ontique, tirée d'une différence entre sortes d'entités. D'après Boèce, il y aurait deux façons, pour tout existant, d'exister : exister à la manière d'une simple hypostase et exister à la manière d'une

---

1. Pour ne pas compliquer les choses, nous omettons, entre l'*ousia* et l'*hypostasis*, l'*ousiosis* (lat. *subsistentia*), qui correspond à ce qu'Avicenne, ou son traducteur latin, appellera *esse essentiae*.

2. « *naturae rationabilis individua substantia* » (*op. cit.*, p. 84, trad. p. 59). Cette définition sera reçue pendant tout le Moyen Âge et est à l'origine de notre actuel concept de personne.

personne, exister à la manière d'un arbre ou exister à la manière de Socrate [1]. Un arbre et Socrate seraient non seulement deux *sortes* d'êtres différents ou deux natures distinctes, mais ils auraient aussi deux *modes d'existence* différents.

Or, la seconde chose à remarquer est qu'il revient au même d'opposer des modes d'existence ou d'opposer des modes d'individuation. Tout existant possède en effet une certaine nature : il est une certaine sorte d'être. Mais il est aussi *un* être d'une certaine sorte, *un* arbre ou *un* lapin, autrement dit un *individu*. On peut donc dire que tout existant est une certaine nature individuée. Une hypostase, pour revenir au langage de Boèce, c'est donc aussi bien une nature existante qu'une nature individuée : exister, c'est être individué. Or, d'après Boèce, les existants sont des hypostases *stricto sensu*, lorsqu'ils individuent une nature non rationnelle et ils sont des *personnes* lorsque la nature qu'ils individuent est une nature rationnelle. Mais, dans les deux cas, que l'on parle de simple hypostase ou de personne, on a affaire à une occurrence individuée d'une nature commune, par exemple un certain arbre ou un certain homme. Il s'ensuit donc que ce qui est « spécial » aux personnes, c'est la manière dont elles individuent leur nature ou, si l'on préfère, ce qu'il y a de spécial dans une personne vient de la manière dont la nature rationnelle peut s'individuer.

Toutefois il faut encore souligner, avant de développer cette idée, que la division en personnes et simples hypostases n'est pas une division exclusive. Il y a certes une différence à faire entre simples hypostases et personnes, mais certains au moins des êtres qui *sont* des personnes *sont* aussi de simples

---

1. En réalité, il s'agit des deux modes d'existence possibles pour les substances. Car il faudrait, en outre, faire une place au mode d'existence des accidents pour lesquels, exister, c'est être porté dans l'être par une substance.

hypostases[1]. Il suffit, pour le voir, de se tourner vers un être qui est une non-personne, par exemple un arbre. Un arbre est un individu, en ce sens que, s'il possède une « nature » (c'est un *arbre*), il n'en est pas moins numériquement distinct de tout autre arbre (c'est *un* arbre). En particulier, il se distingue de tout arbre, fût-il de la même espèce et variété, parce qu'il est fait de telle portion de matière ayant telle localisation spatiale. Or, il est très important de remarquer que cela est également vrai au moins des personnes humaines, mais, précisément, *pas en tant que personnes*. Cet homme se distingue de cet autre homme parce qu'il a un corps (et, éventuellement, une âme) qui n'est pas celui (celle) de cet autre homme. Il s'agit là d'une différence entre deux hypostases humaines, qui resterait réelle, au moins un certain temps, même si les deux hommes étaient morts. Nous devons donc fortement souligner que, pour continuer d'employer le vocabulaire de Boèce, la personne n'exclut pas l'hypostase, c'est-à-dire que les êtres qui sont des personnes se distinguent aussi les uns des autres comme n'importe quelle hypostase se distingue d'une autre. Nous appellerons désormais « différence hypostatique » une différence entre deux entités existantes qui peut se réduire à la simple diversité de la « matière » dont chacune est faite.

Comment, dès lors, une personne se différencie-t-elle d'une simple hypostase ? Si l'on voulait parler très rigoureu-

---

1. Nous disons « certains au moins » pour réserver le cas du dieu chrétien dont les trois personnes ne sont pas associées, en outre, à trois hypostases, au sens strict que nous allons développer. Seule la personne du Fils aura été associée à l'hypostase de Jésus de Nazareth. Toutefois, la personne du Saint-Esprit est occasionnellement associée à celle d'une colombe, tandis que la personne du Père est symbolisée par l'hypostase d'un vieillard. On aurait peut-être tendance à dire dans ce dernier cas que le Père est « personnifié » par un vieillard. Mais il n'y a pas de sens à dire qu'une personne est personnifiée. Une personne est hypostasiée, cette hypostase pouvant éventuellement être symbolique.

sement, on devrait dire qu'une personne se différencie d'une simple hypostase par la différence qui sépare la manière dont une personne se distingue d'une autre personne et la manière dont une hypostase se distingue d'une autre. Commençons toutefois par parler moins rigoureusement. Nous venons de voir comment une hypostase individuait sa nature : cet arbre est une hypostase de l'« arboréité » (c'est un *arbre*) et son individualité (ce qui en fait *un* arbre) est principalement constituée par la portion de matière en quoi consiste cette hypostase, ainsi que par les accidents qui y sont rattachés (son écorce est arrachée à tel endroit, il a tel nombre de branches, telle inclination du tronc, etc.). Or nous avons vu que, si l'on suit Boèce, une personne se différencie d'une simple hypostase par la manière dont elle individue la « nature rationnelle » ou par la manière dont la nature rationnelle s'individue ou « s'hypostasie ». En quoi va donc résider le mode d'individuation constitutif des personnes et propre à la « nature rationnelle » ?

Le fait est d'abord que ce concept de « nature rationnelle » est fort vague, de sorte que si nous voulons progresser, il va désormais falloir que nous nous éloignions de Boèce. Il semble en effet manifeste que même lorsqu'une créature ne fait pas montre de rationalité dans ses pensées ou sa conduite, nous continuons cependant à y voir une personne[1]. Plutôt que de nature rationnelle, il semblerait donc plus adéquate de parler de « nature pensante ». Une personne serait donc une nature pensante individuée. Le problème devient alors le suivant : comment une nature pensante peut-elle s'individuer ?

---

1. On peut définir, au moins de manière minimale, la rationalité par l'aptitude à faire des inférences correctes et par la transitivité des préférences. Si une personne préfère A à B et B à C, alors elle devra préférer A à C. Mais il peut arriver qu'une personne préfère C à A : son comportement sera irrationnel, mais elle restera une personne. En fait, les auteurs anciens donnent au mot « rationalité » un sens plus large (et plus vague) qui se confond avec « être pensant ou parlant ».

On aurait sans doute envie de répondre : par ses pensées. Mais ce mot de « pensée » reste équivoque.

Donnons-nous deux hommes en train de regarder une même scène. En chacun de ces hommes a lieu l'événement psychologique ou mental qui consiste à voir une certaine scène dont on supposera qu'elle se présente identiquement sous toutes ses faces. Quoique ces deux représentations aient le même contenu ou aient le même objet, elles n'en sont pas moins deux représentations numériquement distinctes, de sorte que si le corps (ou l'âme) de l'un des deux hommes n'est pas le corps (ou l'âme) de l'autre, les représentations ou états mentaux de l'un ne sont pas les représentations ou états mentaux de l'autre, même si ces états mentaux peuvent avoir même contenu [1]. Néanmoins, comme on peut le voir aisément, cette différence est « hypostatique » et non pas « personnelle ». Elle est une différence prise de la « matière » pensante de l'un et de l'autre. De même que le bras de l'un n'est pas le bras de l'autre, l'état perceptif de l'un n'est pas l'état perceptif de l'autre. Si nous prenons donc le mot « pensée » comme désignant un processus psychologique, lié ou non, nous allons y revenir, à un processus cérébral, l'individuation d'une nature pensante, prise en ce sens, est de l'espèce hypostatique ordinaire. Pour faciliter notre analyse, nous parlerons du « penser » pour désigner l'acte psychologique de penser. En ce sens, le penser d'un homme est différent du penser d'un autre, dans le même sens où le doigt de l'un est différent du doigt de l'autre, autrement dit au sens d'une différence « hypostatique ».

Toutefois on peut prendre le mot « pensée » comme désignant cette fois non plus l'événement psychologique et/ou cérébral, mais le contenu de cet événement, par exemple la pensée : « Cette sphère est parfaitement lisse ». Le problème

---

1. Pour employer le vocabulaire des philosophes contemporains, on dira que nous avons affaire à deux tokens d'un même type d'état mental.

est cette fois que la pensée, prise au sens de ce qui est pensé ou du contenu du « penser », est insuffisamment individuante, puisque deux hypostases pensantes peuvent avoir la *même* pensée. Deux hommes observant la même sphère peuvent former la même pensée : « Cette sphère est parfaitement lisse ». D'où suit que si toute pensée était telle qu'elle *pouvait* être pensée par tout être pensant, aucun être pensant ne pourrait se distinguer d'un autre par ses pensées, mais seulement par son « penser », c'est-à-dire par une différence simplement hypostatique et il n'y aurait donc rien de « spécial » dans l'individuation de la « nature pensante ».

S'il y a des personnes dans le monde, c'est cependant parce qu'il existe une classe de pensées qui sont nécessairement individuantes, en ce sens qu'elles ne peuvent être pensées que par un seul et unique penseur : ce sont les pensées en première personne, les pensées faisant intervenir le mot « je », des pensées que nous appellerons désormais « égologiques ». Donnons nous deux hommes qui l'un et l'autre pensent : « Je suis assis ». Ce sont là évidemment deux « pensers » distincts, mais la différence entre ces « pensers » est purement hypostatique, puisqu'elle est réductible à la simple diversité des cerveaux ou des âmes des penseurs. Mais ce sont également deux *pensées* distinctes puisque, même si leur forme linguistique est la même, ces deux pensées ne font pas référence au même être humain. Lorsque l'un dit : « Je suis assis », il prononce la même phrase que l'autre, mais il ne dit pas la même chose ou n'exprime pas la même proposition, puisque l'un de ces énoncés pourrait être vrai et l'autre faux.

Ceci suggère qu'il y a une manière propre, pour une « nature rationnelle », de s'individuer : c'est de *se* penser, car ses pensées de soi lui sont nécessairement propres. Et s'il s'avère que, du fait de se penser, une créature est capable de vivre et de se comporter d'une manière qui n'est accessible qu'aux êtres capables d'une pensée de soi, cette aptitude à la pensée égologique sera non seulement individuante, mais elle déterminera en outre un *mode d'être* spécifique.

Nous allons évidemment développer plus en détail ce lien entre pensée de soi et mode spécifique d'existence, mais nous pouvons déjà, à ce point, tirer du texte de Boèce dont nous sommes partis l'embryon d'une définition réelle du concept de personne. Nous avons vu que tous les existants étaient des individus d'une certaine sorte : cela est vrai des hommes, des pierres, des ordinateurs, etc. Nous avons vu également que tous les existants d'une même sorte se distinguaient des autres existants de la même sorte par la simple diversité de la matière dont ils étaient faits ainsi que par les propriétés accidentelles qui sont liées à cette matière : cet arbre se distingue de cet autre arbre par sa matière, sa localisation et ses propriétés acciden-telles. Or ce qui vaut ici pour un arbre par rapport à un autre arbre vaut aussi bien pour un homme par rapport à un autre homme. Ce que l'analyse précédente suggère, c'est que quel-ques existants se distinguent en outre les uns des autres par leurs pensées égologiques. Cela n'est évidemment plus vrai des arbres ou des pierres, mais cela est par exemple vrai des hommes. Le texte de Boèce nous conduit donc à dire que les existants qui ont entre eux ce type de différence très par-ticulière sont des personnes, de sorte que les personnes se dis-tinguent des simples hypostases par la manière dont elles sont individuées. Une personne est une hypostase dont la « person-nalité », c'est-à-dire ici le fait qu'elle soit une personne, est constituée par ses pensées égologiques. Ce sont les pensées égologiques qui en procèdent qui font qu'une certaine hypos-tase, individuée par ailleurs comme l'est n'importe quelle hypostase, c'est-à-dire par sa matière et ses accidents, est une personne. Le même être peut donc être conçu comme une simple hypostase d'une certaine sorte, si l'on ne prête attention qu'à l'individualité de son corps (et de son âme), mais aussi comme une personne si l'on prête cette fois attention aux pensées égologiques qui sortent de sa bouche et au style propre de son comportement, le comportement typique d'un être capable de former des pensées de soi. Une personne serait donc une hypostase individuelle que l'on pourrait dire ré-individuée ou sur-individuée par sa pensée et sa vie égologiques.

Cette double individualité ou, plutôt, cette concurrence entre deux principes d'individuation est la source des problèmes de frontières internes qui affectent l'usage de notre concept de personne. C'est parce que l'on peut appliquer à un même être l'un ou l'autre de ces deux principes d'individuation, l'individuation par la matière et les accidents et l'individuation par les pensées égologiques que, dans un cas comme celui que nous avons introduit un peu plus haut, on peut hésiter entre deux verdicts : l'être que l'on retrouve après son accident est en effet la même hypostase, mais pas même personne. Mais en même temps la prise de conscience de cette distinction et de cette concurrence entre deux principes d'individuation nous permet de trancher entre les deux sens du mot « personne » que nous avons identifiés. Une hypostase est une personne en raison de ses pensées de soi, de ses pensées égologiques. Le mot « personne » désigne donc bien une hypostase, mais *prise avec ses pensées égologiques*. Or, ces pensées égologiques sont à la fois ce qui fait de l'hypostase une *personne* mais aussi ce qui en fait *une* personne. Elles constituent à la fois l'essence de la personne et son principe d'individuation. C'est là, il faut y insister, une situation tout à fait spéciale. Supposons que nous possédions un lapin domestique. Ce lapin possède, au moins à nos yeux, une individualité marquée. Mais si l'on demande : « Qu'est-ce qui fait que ce lapin est un lapin ? », la réponse ne tiendra pas compte de ce qui constitue l'individualité de notre lapin. On mentionnera des caractéristiques que possède tout lapin. En revanche, si l'on demande, à propos d'une hypostase (un homme, un ordinateur, un singe) : « Qu'est-ce qui fait que cette hypostase est une personne ? », la réponse mentionnera ce par quoi cette hypostase est à la fois une *personne* et *une* personne, autrement dit ses pensées de soi ou, si l'on préfère, sa conscience de soi. Prenons une autre comparaison, qui fera mieux voir la spécificité du concept de personne. Considérons le concept de pianiste. Si l'on conserve le langage que nous avons introduit, nous dirons qu'un pianiste est une hypostase capable d'un certain type de performance, en l'occurrence jouer du piano. Mais, évidemment, un *même* pianiste peut jouer diverses compositions pour piano. Dans le concept de pianiste n'entre pas l'idée d'une aptitude à jouer une seule composition déterminée, de sorte que chaque pianiste serait individué par la composition qu'il jouerait et qu'une même hypostase pianistique deviendrait un autre pianiste s'il se mettait à jouer une composition différente. Disons donc que le concept de personne fonctionne exactement comme fonctionnerait ce concept très spécial de pianiste que l'on vient d'imaginer. Le concept de personne se comporte comme le concept de pianiste si un pianiste était une créature capable de jouer une seule et unique composition pianistique, différente pour chaque pianiste. Un pianiste n'est pas une composition : c'est quelqu'un qui joue une certaine composition, autrement dit c'est une hypostase capable de jouer du piano. Mais un pianiste spécial comme celui qu'on vient d'imaginer est une hypostase capable de jouer seulement une composition déterminée, de sorte que cette hypostase serait un pianiste différent si la composition jouée était différente.

On peut donc, au moins en première analyse, avancer qu'une personne est une hypostase ayant des pensées de soi, ces pensées de soi faisant de l'hypostase à la fois une personne et une personne déterminée. À la différence d'un personnage dramatique, qui peut n'avoir qu'une existence livresque, une personne doit avoir une existence hypostatique. Mais la nature propre de l'hypostase n'entre pas dans la définition du concept de personne, c'est-à-dire qu'elle ne fait pas partie de l'essence de la personne ou qu'elle ne nous fournit pas un critère pour juger que nous avons affaire à une personne. Un homme, mais aussi bien, peut-être, un ordinateur, un singe, un ange, un dieu ou un fantôme peuvent être des personnes s'ils ont des pensées de soi. Mais ces mêmes hypostases peuvent aussi bien ne plus être des personnes et n'être que de pures hypostases si elles ont perdu toute pensée de soi. Ce qui est essentiel au concept de personne, c'est donc la pensée de soi et non point la nature de l'hypostase. La distinction entre personnes et non-personnes est orthogonale à la distinction entre sortes d'hypostases et, en particulier, les concepts d'homme et de personne ne sont nullement synonymes. Un homme pourrait, en principe, ne pas être ou ne plus être une personne et autre chose qu'un homme pourrait être une personne.

En outre, si la nature de l'hypostase n'entre pas dans la définition du concept de personne, il faut dire également que le principe d'individuation de l'hypostase est logiquement indépendant du principe d'individuation de la personne. Une personne a nécessairement une existence hypostatique, mais, en principe, une même hypostase, par exemple un même homme, pourrait devenir une autre personne, s'il était possible que ses pensées de soi soient radicalement nouvelles. Si, après son accident, le Docteur Jekyll laisse place à Mr Hyde, si rien de ce que le Docteur Jekyll pense de soi ne se retrouve dans les pensées de soi de Mr Hyde, nous devrons bien dire que nous avons affaire à une nouvelle personne, quoique nous soyons en présence de la même hypostase.

Enfin, on peut se demander si l'indépendance du principe d'individuation de l'hypostase et de celui de la personne implique que l'hypostase ne joue aucun rôle dans les conditions d'individuation de la personne. Si c'est le cas, nous pourrons légitimement concevoir qu'une même personne puisse successivement être associée à des hypostases différentes, autrement dit qu'elle puisse se ré-incarner. Nous avions un ami, Martin Guerre, qui est mort. Un jour nous voyons venir à nous un homme inconnu et voici que c'est notre ami Martin qui nous parle. Nous douterons que Martin soit mort. Ou bien nous nous demanderons si cet homme n'est pas un usurpateur, c'est-à-dire un acteur ayant appris le rôle de Martin. Mais si Martin est bien mort et que cet homme n'est pas un usurpateur, que c'est sincèrement qu'il nous parle ? Ne devrons-nous pas dire que Martin est revenu ? Qu'avons-nous à faire de la morte hypostase de Martin ? N'est-ce pas de sa personne dont nous étions l'ami [1] ?

Ces variations sont imaginaires, mais elles épousent la logique du concept de personne et le rendent fascinant. Les philosophes, à la suite de Locke, ne se sont d'ailleurs pas privés d'exploiter ces potentialités du concept de personne. Ils ont imaginé, pour nourrir leurs analyses du concept de personne, des situations aussi stimulantes pour l'imagination que celle d'un homme [*i.e.* une hypostase humaine] qui serait alternativement deux personnes, par exemple l'une le jour, l'autre la nuit [2]; celle d'un homme qui serait simultanément deux personnes, l'une procédant de son hémisphère cérébral droit, l'autre de son hémisphère gauche, les deux hémisphères ayant été déconnectés [3]; celle d'une personne qui serait téléportée dans une nouvelle hypostase, re-création qualitativement identique de la première [4]; celle d'une même

1. Cf. le célèbre fragment de Pascal sur le Moi : « Celui qui aime quelqu'un à cause de sa beauté, l'aime-t-il ? Non : car la petite vérole qui tuera la beauté sans tuer la personne fera qu'il ne l'aimera plus… » (*Pensées* L. 688/Br. 323). Ce qui fait la personne, c'est le Moi lequel n'est pas l'hypostase qu'il « personnalise », que cette hypostase soit le corps, mais aussi bien l'âme comme le montre la suite du fragment. On ne peut aimer une hypostase. On aime une personne. Mais on peut aimer une personne dans son hypostase ou à cause de son hypostase, d'un amour que l'on pourrait dire métonymique.

2. Cf. John Locke, *Essai sur l'entendement humain*, Livre II, chap. XXVII, § 23, *op. cit.*, p. 536.

3. Thomas Nagel, « Brain Bisection and the Unity of Consciousness », *Synthese,* vol. 22, 1971, repris dans John Perry (éd.), *Personal Identity*, Berkeley, University of California Press, 1975, p. 227-245.

4. Derek Parfit, *Reasons and Persons*, Oxford, Clarendon Press, 1987, p. 199 *sq.*

personne qui serait « transplantée » dans une autre hypostase, privée de sa personne originelle [1] ou encore celle d'une personne qui serait « transplantée » simultanément dans deux hypostases distinctes [2]. Toutes ces « expériences de pensée » visent à mettre en évidence la logique propre du concept de personne [3]. Une personne est une hypostase capable d'accomplir un certain type de performance, en l'occurrence la pensée de soi, mais la performance qu'elle accomplit est en même temps ce qui l'individualise en tant que personne, de sorte que si elle exécutait autrement cette performance, si elle jouait une autre « mélodie égologique », elle serait une autre personne. Cette même idée suggère également que si cette « mélodie égologique » était jouée par une autre hypostase, c'est à la même personne que nous aurions affaire, en dépit du changement de son hypostase.

En un sens le concept de personne n'a donc rien de spécial : c'est un concept qui détermine un certain type d'être en fonction de son aptitude à exécuter un certain type de performance. Le concept de personne peut de ce point de vue être comparé au concept de pianiste ou au concept d'architecte [4]. Mais, en même temps, le concept de personne se distingue de tous les concepts de cette sorte en raison de la « performance » qui sert à définir la personne. Cette performance n'est pas ce que nous

1. Sydney Shoemaker, *Self-Knowledge and Self-Identity*, Ithaca, Cornell University Press, 1963, p. 23-24.

2. David Wiggins, *Identity and Spatio-Temporal Continuity*, Oxford, Basil Blackwell, 1967, p. 40.

3. On pourrait soutenir que ces expériences de pensée sont un écho « laïc » des paradoxes ontologiques inhérents au concept du Dieu chrétien, paradoxes dont nous avons vu qu'ils avaient motivé l'introduction du concept de personne.

4. Des hommes sont des architectes, mais on dit aussi bien des abeilles ou des termites qu'elles sont architectes. Ici aussi la nature de l'hypostase n'entre pas dans la définition du concept d'architecte, même si c'est toujours une certaine hypostase qui est architecte.

faisons : c'est ce que nous sommes, de sorte que si « nous »
accomplissions autrement cette performance, nous serions
quelqu'un d'autre.

Le point de vue de la première personne

Nous pourrions donc définir une personne comme une
pensée de soi ou un système de pensées de soi incarnées. Mais,
à n'en pas douter, cette définition paraîtra encore énigmatique
à plus d'un lecteur. N'est-il pas évident, objectera-t-on, que
ces pensées de soi sont pensées par quelqu'un et que, de la
même manière qu'un pianiste est *un être qui* joue du piano, une
personne ne peut être qu'un *être qui* pense à soi ? Nous retrouvons dans cette objection une vue tout à fait commune chez les
philosophes depuis Descartes. Si l'on ne peut, sans plus de
façon, identifier la personne avec l'être humain concret, n'est-
ce pas parce que la personne est quelque chose *dans* l'orga-
nisme humain, un *Ego*, un Je, un Sujet pensant [1] ? Confrontons
toutefois cette conception à l'expérience de pensée de l'Accidenté. Est-ce au même *ego* que nous avons affaire après
comme avant l'accident ? Mais comment individuer un *ego*
autrement qu'à partir des prédicats qu'il s'auto-attribue ?
Et dans ce cas, comment dire que nous avons affaire au même
ego lorsque nous avons affaire au Dr Jekyll, puis à Mr Hyde ?
Manifestement, la théorie de l'*ego*, comme celle qui identifie
la personne à l'être humain concret, semble bâtie sur la base
des cas normaux où, de fait, les personnes semblent rester
les mêmes au long du temps et accompagner la vie de leur
hypostase corporelle. Mais dès que ces théories sont confron-

---

1. Sur la genèse du mythe philosophique de l'*ego*, cf. Ludwig
Wittgenstein, *Le Cahier bleu*, trad. G. Durand, Paris, Gallimard, 1965, spécialement p. 117 *sq.*

tées à des expériences de pensée comme celle de l'Accidenté, elles perdent leur force d'évidence. Par contraste, lorsque nous affirmons qu'une personne est constituée par ses pensées de soi, nous réussissons à rendre compte de la difficulté conceptuelle à laquelle nous confronte ce genre d'expériences de pensée. Mais cela suffit-il à valider cette conception, si celle-ci nous contraint à des formulations tout à fait étranges ?

Il nous faut donc essayer de conforter et d'affiner l'esquisse de définition réelle de la personne que nous avons proposée, en nous penchant sur cette « performance » dont *tous* les auteurs admettent qu'elle est constitutive des personnes, à savoir la pensée de soi.

Arrêtons-nous tout d'abord sur cette expression de « pensée de soi » qui, prise littéralement, est équivoque. Lorsque Œdipe, au début de la tragédie de Sophocle, cherche le meurtrier de Laïos, c'est à lui-même que ses pensées font référence, c'est lui-même qu'il recherche. Mais, évidemment, il ne sait pas que c'est de lui qu'il parle lorsqu'il maudit le meurtrier de Laïos. En revanche, lorsque Œdipe en viendra à penser : « Je suis le meurtrier de Laïos », c'est encore à lui-même qu'il pensera, mais, cette fois, il saura que c'est à lui-même qu'il pense. On peut donc penser à soi ou parler de soi en utilisant une expression dont nous ne savons pas cependant qu'elle fait référence à nous-mêmes. En revanche, lorsqu'on utilise le mot « je », c'est cette fois *consciemment* que nous faisons référence à nous-mêmes[1]. Ce qui est donc constitutif d'une personne, ce n'est pas la simple pensée de soi tout court, c'est la pensée de

---

1. Les philosophes contemporains distinguent la valeur sémantique d'un terme, c'est-à-dire l'objet auquel il fait référence et la valeur cognitive de ce terme, c'est-à-dire la manière dont on pense à cet objet. Ainsi l'expression « le meurtrier de Laïos » a pour valeur sémantique Œdipe mais pour valeur cognitive le sens de l'expression « être le meurtrier de Laïos ». Quand on pense à un objet *via* un sens descriptif, on peut ne pas savoir à quel objet on fait référence. En revanche, lorsqu'on use du mot « je », cette possibilité est exclue.

soi en première personne, ce que nous avons appelé « pensée égologique ». Une personne est donc une hypostase qui pense égologiquement.

Pourquoi maintenant parlons-nous de « pensée égologique » plutôt que de « conscience de soi », comme l'ont pourtant fait de nombreux philosophes à la suite de Locke ? Pour la raison que l'expression de « conscience de soi » est également équivoque, en ce sens qu'une créature pourrait parfaitement être consciente de soi, sans néanmoins penser à soi ou penser égologiquement. Supposons que nous ayons mal au ventre. Nous ressentons donc cette douleur, nous en sommes conscients. Supposons alors que nous exprimions le contenu de notre conscience. Nous dirons sans doute : « J'ai mal au ventre ». Mais il n'y a aucune impossibilité à imaginer une créature qui dirait plutôt : « Il y a un mal de ventre ». Ce dont nous sommes conscients en effet, ce n'est pas de ce mal de ventre *et* de son « porteur ». Il n'y a pas, dans le contenu de notre conscience, la dualité que l'on retrouve dans le jugement égologique : ce qui est donné à notre conscience, c'est le prédicat de ce jugement, mais pas le prédicat *et* son sujet[1]. On objectera cependant qu'une créature qui penserait « Il y a un mal de ventre » aurait une pensée vague ; car de quel ventre parlerait-elle ? Il y a divers ventres dans le monde. Et parmi ces ventres, il y a notre ventre, celui qui précisément a mal. Mais supposons que cette créature ait, dans son langage, un préfixe qui, lorsqu'il est associé au nom d'un organe ou d'une partie

---

1. C'est l'idée centrale du célèbre développement de Hume sur l'identité personnelle : « Pour moi, quand je pénètre le plus intimement dans ce que j'appelle moi-même, je tombe toujours sur une perception particulière ou sur une autre, de chaleur ou de froid, de lumière ou d'ombre, d'amour ou de haine, de douleur ou de plaisir. Je ne parviens jamais, à aucun moment, à me saisir moi-même sans une perception et je ne peux jamais rien observer d'autre que la perception », *Traité de la nature humaine*, trad. P. Baranger et P. Saltel, Paris, GF-Flammarion, 1995, p. 343.

du corps, désigne nécessairement l'organe ou la partie du corps qui lui apparaît de cette façon caractéristique dont nous apparaissent nos propres organes et les parties de notre propre corps. Cette créature pourrait alors dire quelque chose comme : « Il y a un mal au Dventre », si « D » était le préfixe en question et sa pensée serait alors très précise, on saurait de quel ventre elle parle. Cette créature disposerait donc des mêmes informations que nous et, en particulier, elle disposerait d'informations portant sur son propre corps, mais elle ne penserait pas à soi : seulement à une douleur de Dventre.

Ceci suggère qu'il ne suffit pas d'invoquer la notion de conscience de soi pour caractériser *la façon* dont nous pensons à nous-mêmes, pas plus qu'il ne suffit d'invoquer la notion de conscience pour caractériser la façon dont on pense à un objet quelconque. Deux personnes peuvent être conscientes de la même scène, mais y penser, l'une *comme* à un grand malheur, l'autre *comme* à une fête grandiose. Or c'est évidemment *ce que* ces personnes pensent de la scène ou *comment* elles la pensent qui est pertinent pour expliquer leur différence de comportement. De la même manière, la notion de conscience de soi exprime simplement le fait qu'une créature dispose d'informations sur les états de son corps ou de son « âme ». Mais elle peut traiter différemment ces informations et, en particulier, elle peut y penser de manière impersonnelle : « Il y a un mal de Dventre » ou bien de manière « personnelle » : « J'ai mal au ventre ». Ce qui compte pour dire que cette créature est une personne, ce n'est pas qu'elle ait des informations sur soi, mais c'est qu'elle traite ces informations *comme* des informations sur soi. Comme nous le verrons plus loin, ce point est décisif lorsqu'on se demande si les animaux sont des personnes : car si l'on dit qu'une personne est une créature consciente de soi, alors de nombreux animaux ont une conscience de soi, en ce sens qu'ils sont en mesure de remarquer leur douleur, leur plaisir, leur état de mouvement ou de repos, etc. Mais, en réalité, il faut dire non pas qu'une personne est simplement une hypostase ayant une conscience de soi, mais que c'est une hypostase pensant à soi en première personne ou égologiquement : c'est une façon de penser et non un objet de pensée qui est constitutif des personnes[1].

Examinons maintenant plus en détail cette « façon de penser » : pourquoi est-il si important, pour qu'une créature soit une personne, qu'elle puisse penser à soi en première personne ? Nous avons suggéré tout à l'heure que si la pensée de soi était de nature à fonder une distinction aussi générale que celle des personnes et des non-personnes, c'est parce qu'elle représentait un mode spécifique d'individuation, mais aussi parce qu'elle était constitutive d'un mode d'être spécifique. Exister en pensant à soi n'est pas la même chose qu'exister sans en être capable. Mais qu'est-ce que cela change exactement ? Pour le voir, considérons une boule de billard. Une boule de billard n'est pas une personne, chacun en conviendra. On sait aussi que si l'on choque une boule de billard, elle sera projetée dans une certaine direction avec une certaine vitesse. Supposons maintenant une boule de billard *consciente*, une boule de billard qui serait capable, mais seulement capable d'apercevoir les cannes qui s'avancent vers elle. Si on ne suppose que cette conscience, rien ne sera changé dans le destin de notre boule. Elle verra certes la canne s'approcher d'elle, mais elle ira toujours là où la canne l'envoie. Supposons maintenant que notre boule de billard ne soit pas seulement consciente des cannes qui s'avancent vers elle, mais qu'elle soit en outre capable de ressentir ses propres mouvements. Lorsqu'une canne avance vers elle, elle est propulsée dans une certaine direction, mais, en outre, elle se sent propulsée, cela lui fait quelque chose de se mouvoir. Imaginons en outre qu'une certaine polarité caractérise cette sensation, quelque chose

---

1. Pour une critique beaucoup plus circonstanciée du concept de conscience de soi, cf. notre *Dire « je ». Essai sur la subjectivité*, Paris, Vrin, 2001.

comme du plaisir et de la douleur. Supposons par exemple que quand la boule est envoyée dans la partie sud-ouest du billard, cela lui plaise, tandis que quand elle est envoyée dans la partie nord-est, elle en souffre. À nouveau, nous voyons que le destin de notre boule de billard consciente et sensible ne sera pas changé. Les joueurs l'enverront toujours là où ils souhaitent l'envoyer, sauf que la boule verra arriver la canne qui la propulse et qu'elle ressentira sa propulsion, parfois agréablement, parfois douloureusement.

Raffinons encore un peu l'équipement cognitif de notre boule de billard et, pour cela, prêtons-lui une mémoire et, jointe à celle-ci, une capacité de se former une représentation des diverses régions du tapis où elle est allée. Du fait d'avoir été propulsée tantôt dans la région sud-ouest, tantôt dans la région nord-est, elle aura donc fini par se faire une *représentation* de ces deux régions, une représentation qu'elle peut activer sans avoir besoin d'être présente dans la région représentée[1]. Comme du plaisir et de la douleur ont été associés à sa présence dans l'une et l'autre de ces deux régions, nous pouvons également supposer que la boule sera capable de hiérarchiser ces deux représentations, autrement dit de juger, si du moins elle pouvait s'exprimer, que le sud-ouest est plus agréable que le nord-est. Supposons maintenant que nous sommes cette boule de billard capable de juger que le sud-ouest est plus agréable que le nord-est. Nous sommes au centre du tapis. Soudain, une canne se dirige vers nous et nous nous sentons propulsés vers le nord-est, en émettant un grincement significatif. Supposons que le joueur qui nous a expédiés là-bas ait

---

1. En réalité, la capacité de se représenter des régions de l'espace suppose beaucoup plus que ce que nous prêtons à notre boule. Mais nous pouvons supposer que, par exemple, la région sud-ouest est toute rouge et la région nord-est toute bleue, de sorte que notre boule se représente la région rouge et la région bleue.

connu nos pensées. Il nous a entendu murmurer : « Le sud-ouest est plus agréable que le nord-est ». A-t-il agi au mépris de ce que nous avons exprimé ? Pas du tout, car il y a quelque chose que nous n'avons pas dit : c'est que nous préférions, *nous*, être au sud-ouest plutôt qu'au nord-est, c'est que *nous* préférions être dans un coin agréable plutôt que dans un coin désagréable. Nous avons exprimé un jugement portant sur des régions du billard, mais ce jugement ne nous impliquait pas. Supposez que vous regardiez le plan d'une ville qui vous est inconnue. Autour de vous il y a des rues, mais elles ne portent pas de nom. Si le plan ne comporte pas un « Vous êtes ici », vous ne pourrez en faire usage pour vous orienter. De la même manière, si la boule de billard ne peut articuler une pensée à propos d'elle-même, elle ne pourra *se* situer sur la carte des possibles qu'elle se représente.

Il est vrai qu'on pourrait imaginer que notre boule de billard puisse *se* porter d'elle-même vers le sud-ouest et s'éloigner du nord-est. Il suffirait pour cela que l'on raffine encore un peu plus son équipement cognitif et son équipement physique. Nous pourrions imaginer une connexion motrice entre la sensibilité de la boule de billard et un petit moteur interne : quand elle serait au sud-ouest, son moteur se couperait, tandis que lorsqu'elle serait au nord-est, il se mettrait en marche. Et si on lui prêtait en outre une capacité à garder en mémoire la disposition respective des lieux de plaisir et de douleur, nous pourrions imaginer que lorsque son moteur se met en marche, parce qu'elle se trouve au nord-est, son mouvement ait l'orientation voulue pour qu'elle puisse se retrouver au sud-ouest. Mais il est clair que même ainsi équipée, notre boule de billard ne serait toujours pas une personne. Le joueur qui l'observerait jugerait sans doute que son comportement *révèle* une préférence pour le sud-ouest, mais la seule chose que la boule pourrait lui *dire*, si elle pouvait s'exprimer, c'est que le sud-ouest est plus agréable que le nord-est. Son comportement ne serait pas la face extérieure d'une action intentionnelle, mais l'effet d'un mécanisme interne gouverné par la polarité du plaisir et de la douleur.

Ce petit apologue voudrait donc suggérer ceci : qu'il y a une connexion étroite entre la capacité de penser à soi et la capacité d'avoir des *intentions* et d'entreprendre des *actions*[1]. Une créature seulement consciente n'en est pas capable. Mais pas non plus une créature seulement sensible, ni même une créature capable de se représenter des lieux ou des objets et de les hiérarchiser sur la base de son expérience sensible. Ce qui manque à ces créatures, c'est une sorte de moteur psychique, quelque chose qui les arrache à leur statut purement contemplatif et passif et les rende capables d'*initiatives*. Or ce moteur psychique est précisément constitué par la pensée de soi[2]. On voit bien, intuitivement, qu'une créature qui peut penser à soi peut, par là même, vouloir diverses choses pour soi. Mais ce qu'on ne remarque pas toujours c'est ce qui se passerait si l'on était privé de cette capacité de penser à soi, quand bien même on serait équipé de toutes sortes d'autres capacités cognitives, comme la capacité de s'apercevoir de ce qui nous entoure, de s'en former un concept et même d'éprouver diverses sensations. Une créature pourrait avoir la capacité de penser au fait de marcher, de courir, d'être assis. Elle pourrait en outre avoir associé à ces concepts des nuances de plaisir ou de déplaisir. Mais pour *vouloir* courir, pour *préférer* marcher, etc, il lui faudrait pouvoir *se* situer sur la carte de ces possibilités, penser à soi comme courant, comme marchant, etc. Pour vouloir faire

---

1. Sur le concept d'intention, cf. Elizabeth Anscombe, *L'intention*, trad. M. Maurice et C. Michon, Paris, Gallimard, 2002.

2. C'est l'idée centrale de l'article séminal de John Perry, « Le problème de l'indexical essentiel » [1979], trad. R. Vallée dans J. Perry, *Problèmes d'indexicalité*, trad. J. Dokic et F. Preisig (dir.), Stanford, Éditions CSLI, 1999, p. 37-62. Cf. également John Campbell, *Past, Space and Self*, Cambridge (Mass.), The MIT Press, 1994 : « La première personne a un lien spécial avec la motivation et l'action » (p. 190).

quelque chose, il ne faut pas seulement se représenter cette chose : il faut encore pouvoir penser que l'*on* fait cette chose.

Nous apercevons donc quelle différence cela fait qu'une créature pense à soi : elle devient capable d'intentions, de préférences, de volitions, d'initiatives, etc. Or, toutes ces « performances » constituent manifestement, pour la créature qui les exécute, un *mode d'être* différent de celui d'une créature qui n'aurait pas ces aptitudes. Entre une boule de billard qu'on propulserait au sud-ouest et une boule de billard qui *se* rendrait intentionnellement au sud-ouest, il y aurait toute la différence qui sépare un comportement mécanique ou causal et un comportement guidé par des *fins* ou des *valeurs*. C'est donc cette différence que cherche à capturer la distinction entre personne et non-personne. Les personnes sont des hypostases qui ne sont pas seulement conscientes du monde, ni même sensibles à ce qui leur arrive, ce sont des hypostases capables de *se* conduire dans le monde, par conséquent des hypostases dont les pensées sont la cause prochaine de leur conduite[1]. Or, cette aptitude à se conduire dans le monde présuppose la pensée de soi.

Est-ce qu'à l'inverse l'aptitude à la pensée de soi entraîne nécessairement la capacité d'initiative ? Pour le voir, reprenons notre place dans la boule de billard, mais supposons que nous soyons dénués de toute sensibilité ou bien que notre sensibilité ne soit pas affectée par la polarité du plaisir et de la peine. Nous percevons donc ce qui arrive autour de nous, nous sentons nos mouvements et nous pouvons en outre penser

---

1. Le problème de savoir si ces pensées ont elles-mêmes une cause ne change strictement rien au fait qu'il existe une classe d'événements qui sont la face visible d'actions intentionnelles. Ces événements *n'auraient pas lieu* et ne feraient donc pas partie du monde si des créatures n'étaient pas capables d'intentions. Autrement dit, même si le déterminisme est vrai, l'existence des personnes n'est pas une illusion.

à nous-mêmes. Dans un cas de ce genre, il est aisé de voir qu'il n'y aura pas de volonté dans notre âme de boule[1]. Car comment pourrions-nous vouloir quoi que ce soit si rien n'a plus de valeur qu'autre chose ? Nous sommes propulsés de-ci, de-là, et nous sommes en outre capables de toutes sortes de pensées égologiques : « Je suis au nord-est maintenant » ; « Voici que je vais au sud-ouest », etc. Nous sommes conscients de nous-mêmes, mais sommes entièrement passifs. Sommes-nous une personne ? Le point est délicat, parce que la « faculté d'initiative » est solidement installée dans notre concept commun de personne. Pourtant, comment dire d'un être qui, certes, subit tout et n'est à l'initiative de rien, mais qui existe *pour lui-même*, qui a une « vie intérieure », qu'il n'est pas une personne ? Ceci suggère que la connexion entre la pensée de soi et la faculté d'initiative pourrait n'être que contingente et être liée à notre seule nature humaine : nous pouvons nous représenter une hypostase pensant à soi, mais incapable de rien vouloir, parce qu'incapable d'aucune préférence. Cette expérience de pensée nous fait prendre conscience que le cœur du concept de personne est donc constitué par la pensée de soi, plus que par la spontanéité pratique. Mais, en même temps, cette idée d'une personne purement contemplative et purement passive, d'une personne qui, non par choix, mais par état, pourrait tranquillement penser : « Je suis dans le taureau de Phalaris »[2], à qui on pourrait donc tout faire, est étrange. Elle montre, nous semble-t-il, que nous avons simplement du mal à dissocier le concept de personne de son *usage* dans des

---

1. Il est vrai que la sensibilité n'est pas la seule source de nos valeurs. La raison pratique pure en est peut-être une aussi. Mais il est douteux que la différence entre être au nord-est et être au sud-ouest soit, pour la raison pratique, une distinction pertinente.

2. Cf. Cicéron, *Des termes extrêmes des biens et des maux*, V, XXVIII, 85, trad. J. Martha, Paris, Les Belles Lettres, 1961, t. II, p. 161.

contextes moraux. Comme nous le verrons un peu plus loin, si le concept de personne et la distinction entre personne et non-personne a une pertinence en morale, c'est parce qu'une personne est une hypostase qui a ses propres fins, de sorte que la question se pose de savoir si on peut lui imposer les nôtres. Or l'idée d'une personne purement passive, sans fins propres, perturbe fortement cet usage établi du concept de personne dans les contextes moraux : comment ce qui n'a pas de fins propres peut-il venir limiter notre propre action finalisée ? Il est vraisemblable que s'il existait de telles créatures, pensant à soi, mais ignorant la volonté et la préférence, nous disposerions non pas d'un, mais de deux concepts de personne. Mais c'est un fait que notre concept de personne s'applique à des créatures en qui la pensée de soi est étroitement intriquée à une capacité d'initiative de sorte que penser égologiquement à un contenu quelconque rend le penseur pratiquement concerné par ce que représente ce contenu. Si je sais qu'un pantalon est en feu, j'aurai simplement accru ma science. Mais si je sais que *j'*ai le pantalon qui brûle, je vais me soucier d'autre chose que de ma science.

Posons donc qu'une personne est une hypostase capable d'initiative et ajoutons que cette capacité d'initiative, qui est le principal *symptôme* de la personnalité, a pour condition de possibilité une pensée de soi, laquelle est donc le véritable *critère* de la personnalité. Il nous faut maintenant faire encore un pas de plus pour comprendre en quel sens une personne *est* ses pensées de soi, en quel sens elle est donc un personnage hypostasié plutôt qu'une hypostase douée de personnalité.

Pour le voir, reprenons d'abord notre exemple de l'Accidenté. Si l'Accidenté est une personne, avant comme après l'accident, c'est que dans les deux cas, il pense à soi. Mais que désigne ici le mot « il » ? Manifestement l'hypostase humaine que nous avons sous les yeux. C'est elle qui pense à soi et c'est donc la même hypostase qui pense à soi avant comme après l'accident. Mais regardons maintenant *ce que* cette hypostase pense de soi. Avant l'accident, et pour simplifier, elle pense : « Je suis le Dr Jekyll et j'aime les hommes ». Après l'accident, elle pense : « Je suis Mr Hyde et j'assassine les hommes ». Il y a donc un contraste entre ce que nous pensons de cette hypostase et ce qu'elle pense d'elle-même. *Pour nous qui observons*, c'est la même hypostase qui pense l'une et l'autre pensées. Si nous devions décrire la situation, nous dirions quelque chose comme : « Cette hypostase pense qu'elle est le Dr Jekyll, puis pense qu'elle est Mr Hyde ». Mais cette pensée est inaccessible à l'hypostase elle-même. Du point de vue de l'hypostase, il n'est pas question d'une hypostase pensant ceci puis cela. Il est seulement question d'*être* le Dr Jekyll ou bien d'*être* Mr Hyde. Pour nous qui observons, ce qui existe, c'est une hypostase qui pense qu'elle est le Dr Jekyll. Mais pour l'hypostase, ce qui existe, c'est le fait d'être le Dr Jekyll, c'est ce que cela fait d'être le Dr Jekyll, c'est l'ensemble des significations qui se trouvent associées dans son esprit à ce mot « Dr Jekyll » et qui sont ce qu'elle a conscience d'être.

Prenons un autre exemple, assez trivial. Supposons une personne qui, comme l'on dit, se prend pour Napoléon. Nous savons que Napoléon est mort depuis bien longtemps et nous savons donc que cette personne n'est pas Napoléon. Mais cette personne se prend cependant pour Napoléon. Appelons « croyance égologique » une croyance articulée en première personne, en l'occurrence : « Je suis Napoléon ». En un sens on peut dire que la croyance égologique de cette personne est fausse. Mais quand on dit cela, que veut-on dire ? Que nous savons, *nous qui observons*, que l'hypostase que nous avons sous nos yeux ne peut être celle qui animait la personne de Napoléon Bonaparte. Mais plaçons-nous maintenant du point de vue de la personne qui pense d'elle-même : « Je suis Napoléon ». Qu'est-ce que cela veut dire pour elle ? Qu'il y a quelques années, elle triompha à Arcole et que, tout à l'heure, elle a rendez-vous avec Soult. Tout ceci est évidemment, pour un observateur sensé, archi-faux, mais ces croyances égologiques déterminent cependant ce que notre personne va faire, ce qu'elle espère, ce qu'elle craint, etc. Sa vie sera structurée par ses pensées de soi. Et si un observateur extérieur devait décrire à un tiers cette personne, essayer de lui faire connaître quelle personne elle est, il mentionnerait, comme constitutif de ce que cette personne *est*, ce qu'elle *croit* égologiquement qu'elle est. Cela nous fait toucher du doigt en quel sens une personne est *ce qu'*elle pense qu'elle est ou, si l'on préfère, en quel sens les pensées de soi d'une personne sont des pensées que la personne *est* et non pas des pensées que la personne *a*.

L'explication philosophique de ce point réside dans la différence et la dissymétrie entre le point de vue de la première personne et le point de vue de la troisième personne[1]. Chacun admettra sans doute qu'il y a le plus souvent une différence entre la description que nous donnons de quelque chose et cette chose. Ma pensée : « Ceci est un lapin » n'est pas le lapin sur lequel elle porte[2] ! Mais imaginons que la chose que nous décrivons soit elle-même une description d'elle-même. Il y a aura fatalement une différence, et même une *double* différence entre notre description de la chose et celle que la chose donne d'elle-même : d'une part, nous décrirons la chose comme se décrivant, tandis que la chose, elle, se décrira ; d'autre part, notre description de la chose sera une *connaissance* de la chose, tandis que la description de la chose par elle-même sera ce que la chose *est*.

---

1. La mise en évidence de cette dissymétrie et de ses effets est l'un des thèmes centraux de la « philosophie de la psychologie » de Wittgenstein. Cf. par exemple *L'intérieur et l'extérieur. Derniers écrits sur la philosophie de la psychologie, II*, trad. G. Granel, Mauvezin, TER, 2000.
2. Nous écartons évidemment cette fantaisie philosophique qu'on appelle l'idéalisme.

Considérons le point de vue que nous avons sur une personne. Quand nous voyons une personne, le plus souvent nous voyons un homme. Pour nous qui observons, c'est donc cet homme qui dit : « Je suis Napoléon ». Nous aurons donc tendance à décrire la situation en disant que cet homme *a* la pensée (la croyance) qu'il est Napoléon. Ce faisant, pour nous, les pensées égologiques de cet homme seront des attributs de cet homme. De même que, par exemple, cet homme *est assis*, il sera également vrai de dire que cet homme *est en train de penser qu'il est Napoléon*. Parce que les personnes sont hypostasiées, nous ne pouvons les décrire qu'en faisant jouer à leur hypostase le rôle de sujet logique et à leurs pensées égologiques le rôle de prédicat logique. Du point de vue de la troisième personne ou d'un observateur extérieur, une personne est donc bien une hypostase pensant à soi. Mais adoptons maintenant le point de vue de la première personne, c'est-à-dire le point de vue de celui qui pense : « Je suis Napoléon ». Cette personne, comme toute personne, est également capable de se décrire elle-même. Si on lui demande : « Qui es-tu ? », elle répondra des choses comme : « Je suis Napoléon, j'ai fait telle ou telle chose, j'aime faire telle ou telle chose, etc. ». Or, remarquons d'abord que la vérité ou la fausseté de ces affirmations n'est nullement pertinente. Même si tout est faux dans ce que dit notre personne, il n'empêche que son comportement est entièrement explicable par les croyances qu'elle exprime, que sa vie est déterminée par ces pensées. Mais il nous faut surtout remarquer que ces pensées ne sont pas des pensées que la personne s'attribue, mais des pensées qu'elle *exprime* et qui structure son comportement. Elle ne dit pas : « Je suis quelqu'un qui croit qu'il est Napoléon », mais elle dit, plus sobrement : « Je suis Napoléon ». Sans doute peut-on réfléchir sur nos propres croyances et nous les attribuer. La personne pourrait donc *se* dire, dans un moment de lucidité : « Je suis quelqu'un qui croit qu'il est Napoléon » et se mettre à examiner la vérité de cette pensée. Mais cette pensée réflexive ne serait pas à son tour réfléchie. Il y a nécessairement un moment où notre pensée est une performance et non un contenu que nous nous attribuons. Si nous adoptons donc le point de vue de la personne, c'est-à-dire le point de vue de la «première personne», les pensées en première personne sont notre vie personnelle, ce qui nous fait agir et nous comporter d'une manière déterminée. Or ce qu'il est décisif de comprendre, c'est que ce point de vue de la première personne n'est pas simplement un autre point de vue sur la personne que le point de vue de l'observateur extérieur. Le point de vue de la première personne et le point de vue de la troisième personne ne sont pas entre eux comme les points de vue de deux observateurs différents sur une même chose. *L'un de ces points de vue est la chose elle-même*, la personne en acte, tandis que l'autre est un simple point de vue épistémique sur la chose, sur la personne en acte. Il s'ensuit que c'est ce dernier point de vue qui doit s'ajuster au premier s'il veut être vrai et il doit donc décrire la chose, non pas *du* point de vue de la première personne, ce qui serait contradictoire, mais *comme* un point de vue de première personne. Il doit décrire la chose, non pas comme quelque chose qui aurait telle ou telle pensée, mais comme un acte de penser à soi.

Il nous semble donc que les difficultés qui entourent la production d'une définition satisfaisante de la personne sont dûes, en dernière analyse, à la méconnaissance ou à la mauvaise appréciation de la dissymétrie entre le point de vue de la troisième personne et le point de vue de la première personne[1]. On croit qu'une personne pense à elle-même comme si elle était une observatrice d'elle-même. Ou bien on croit que le

---

1. On pourrait rapprocher cette distinction de celle que fait Platon entre récit descriptif (*diègèsis*) et action représentée (*mimèsis*). Cf. *République*, III, 393 a-c, trad. E. Chambry, Paris, Les Belles Lettres, 1932, p. 102-103.

point de vue de la personne n'est qu'un simple point de vue épistémique de la personne sur elle-même. Mais la dissymétrie entre première et troisième personne ne consiste pas dans la différence ordinaire entre deux points de vue épistémiques sur une même chose, mais dans la différence entre un point de vue qui est un mode d'être et un point de vue qui est un mode de connaître. Une description en troisième personne de ce qu'est une personne verra fatalement dans la personne un *être* conscient de soi, une *hypostase* pensant à soi. Ce faisant, on suggérera inévitablement que l'élément central dans la personne, ce qui détermine son identité au long du temps, est constitué par l'être ou l'hypostase. Quand on définit un pianiste comme une hypostase qui joue du piano, l'identité du pianiste est celle de l'hypostase et non celle des morceaux qu'il joue. Mais une définition adéquate de la personne doit intégrer le point de vue de la première personne, non pas seulement parce qu'il s'agirait de tenir compte de tous les points de vue, mais parce que ce point de vue de la première personne *est* la personne elle-même. Une personne, c'est un point de vue en première personne de sorte que *ce qui est vu* de ce point de vue est constitutif de l'individualité de ce point de vue. Quand on adopte le point de vue de la première personne, on ne voit plus *ce qui* pense, mais seulement *ce qu'*on pense qu'on est. Or, cette cécité du point de vue de la première personne n'est pas une cécité épistémique, un défaut de connaissance. C'est un trait constitutif du point de vue en première personne. Une définition de la personne, quoique nécessairement formulée du point de vue de la troisième personne ou d'un point de vue impersonnel, doit donc nécessairement refléter, pour être adéquate, ce trait constitutif du point de vue de la première personne. On est alors nécessairement conduit à dire, non pas qu'une personne est une hypostase *ayant* des pensées de soi déterminées, mais qu'une personne est un point de vue égologique hypostasié ou incarné. À première vue, il n'y a, entre ces deux formulations, qu'une simple différence d'accent. Mais, en réalité, cette différence est décisive. Elle implique que c'est le point de vue qui est le cœur de la personne. C'est lui dont la disparition fait celle de la personne, mais dont la transformation, si elle était suffisamment radicale, pourrait faire un changement de personne.

Nous pourrions donc résumer de la manière suivante la conception de la personne qui se dégage de ces analyses. S'il y a des personnes dans le monde, c'est sans conteste parce qu'il s'y trouve des hypostases qui sont dotées de la capacité *naturelle* de penser à soi. Il n'y a pas de personne sans hypostase, autrement dit sans sujet[1]. Mais si ces hypostases donnent aux personnes l'occasion d'exister, elles ne sont pas l'*essence* des personnes. L'essence d'une personne est constituée par *ce qu'*elle pense, véridiquement ou faussement, qu'elle est : c'est cela qui forme ce qu'on appelle son *Moi*. C'est donc le Moi, et non l'hypostase, qui fait la personne dans son individualité. Ce Moi n'est donc pas une substance, puisque la substance, la « chose qui pense », celle qui est causalement responsable du « penser », c'est l'hypostase, laquelle n'est pas, en elle-même et par soi seule, la personne. Ce Moi est comme un oignon : si on le pèle, on ne lui trouvera pas de centre ou de noyau[2]. La raison en est que ce Moi ne contient que des prédicats. Sans doute ces prédicats doivent-ils avoir un sujet. Mais ce sujet n'est pas un sujet logique : c'est un substrat réel qui, en pensant égologiquement ces prédicats, se transforme en personne vivante et agissante. Autrement dit, nous

---

1. « Hypostase » a en effet pour exacts équivalents latins les notions de *suppositum* ou de *subjectum*.

2. On retrouve la conception esquissée par Pascal dans le fragment précité des *Pensées*. Comme le dit Pascal, le Moi qui fait la personne n'est « ni dans le corps, ni dans l'âme ». Le Moi, en effet, n'est pas un étant : c'est un fichier mental qu'ouvre nos usages du « je ». Cf. le chap. 5 de notre essai précité *Dire « je »*.

avons, d'un coté, un être pensant, qu'il s'agisse d'un composé
âme/corps ou d'un corps doté d'un cerveau évolué. De l'autre
nous avons un ensemble de contenus de pensée. Cet être
pensant pourrait ne pas être une personne s'il se bornait
à attribuer ces contenus de pensée à d'autres contenus
de pensée, c'est-à-dire s'il se bornait à former des pensées
à propos des objets qui s'offrent à lui. Il serait un *penseur
impersonnel*. Mais en préfixant le « je » à certains contenus de
pensée, il devient concerné par eux et capable d'une sensibilité pratique à leur égard. Lorsqu'un être est capable de
ce genre de « performance » cognitive, lorsqu'il est capable
de préfixer le « je » à des contenus de pensée et de devenir
concerné par eux, il devient une personne et le Moi de cette
personne, ce qui en fait telle personne déterminée, est constitué par l'ensemble des contenus de pensée auxquels le
« je » peut être préfixé. Une personne c'est donc ce que *devient*
une hypostase dès que celle-ci pense à soi et *la* personne que
devient une hypostase est donc constituée, individuée et délimitée par *ce que* cette hypostase pense en première personne
qu'elle est.

Une personne est donc, en dernière analyse, la pensée de
soi d'une hypostase. Elle est moins un *sujet* pensant qu'un
ensemble de *prédicats* pensés égologiquement par une hypostase que cette performance transforme en personne. C'est pour
cette raison que, même si l'hypostase restait la même et que le
« je » lui-même sortait de la même bouche, c'est à une autre
personne que *nous* aurions affaire si ces prédicats, si ce Moi,
étaient totalement changés.

Mais qu'en est-il maintenant de la *réalité* de ce genre de
métamorphoses ? Pour nourrir notre analyse du concept de
personne, nous avons *imaginé* la fiction d'une hypostase

humaine qui devenait successivement deux personnes radicalement distinctes et ce que nous avons essayé de faire apparaître, c'est que cette fiction était en réalité une possibilité *logique*, compte tenu de la nature de la pensée de soi et de sa contribution à l'individuation de la personne [1]. Or le fait est que les personnes réelles, du moins les personnes humaines, semblent avoir pour particularité notable d'exister dans le temps. Et, du fait d'exister dans le temps, elles changent, elles se transforment, mais, en même temps, elles restent ou semblent rester les mêmes personnes. Peut-on dès lors distinguer un changement *de la* personne et un changement *de* personne ? Y a-t-il une différence entre la transformation de Saül en Paul [2] et le remplacement du Dr Jekyll par Mr Hyde ?

Ce problème est sans doute le défi principal pour la conception de la personne que nous avons proposée. Si on identifiait en effet la personne avec son hypostase, il n'y aurait nul problème particulier avec ce qu'on appelle « l'identité personnelle » et que nous préférons appeler « l'identité transtemporelle de la personne ». Il n'y aurait pas de différence entre décider si nous avons affaire à la même personne ou à une nouvelle personne et décider si nous avons affaire à un nouveau lapin ou au même lapin. Le problème de l'identité transtemporelle des personnes serait un cas particulier du problème de l'identité transtemporelle des substances. Mais si ce qui fait l'essence et l'individualité d'une personne est constitué par son Moi, c'est-à-dire par des pensées de soi,

---

1. C'est évidemment *parce que* c'est une possibilité logique qu'elle a pu donner naissance à des fictions littéraires ou mythologiques, dès lors que, comme le dit Aristote, le « rôle du poète est de dire non pas ce qui a lieu réellement, mais ce qui pourrait avoir lieu » (*Poétique*, 51 a 36-37, éd. et trad. R. Dupont-Roc et J. Lallot, Paris, Seuil, 1980, p. 65). Et pour revenir à l'étymologie du mot « personne », on pourrait dire que si le théâtre est la *ratio cognoscendi* du concept de personne, celui-ci est la *ratio essendi* de celui-là.

2. *Actes des apôtres*, IX.

la question de l'identité transtemporelle de la personne devient une question tout à fait singulière, car un Moi n'est pas une substance. Si une personne est constituée, individuée et délimitée par ses pensées de soi, qu'est-ce qui forme l'unité transtemporelle de ces pensées de soi ?

Considérons donc une personne humaine ordinaire, appelons-la Paul. Paul est une personne parce qu'il pense « en première personne ». Lorsque Paul pense, nous allons supposer que l'on pourrait enregistrer qu'un processus se produit dans son cerveau ou dans son âme. Le cerveau ou l'âme de Paul ont des conditions d'identité bien définies. On doit pouvoir dire si Paul possède un nouveau cerveau ou si on lui a changé son âme[1]. On peut donc en particulier dire si c'est le même cerveau ou la même âme qui sont causalement responsables de la pensée de Paul. Seulement, comme nous l'avons déjà noté, deux individus peuvent penser la même pensée, quoique leurs « pensers » soient distincts. Ceci milite en faveur d'une différence entre le penser comme processus physique ou psychique et la pensée comme contenu d'un tel processus : il y a le fait que nous pensons et il y a ce que nous pensons[2]. Mais, de la même manière, un même individu peut penser successivement une même pensée ou bien une pensée différente. Supposons qu'un individu pense, deux jours de suite : « Il fait beau aujourd'hui ». La question pourra se poser de savoir s'il a pensé la même pensée ou une pensée différente. Et, dans ce cas, il va de soi que la question de l'identité ou de la non-identité de cette pensée n'aura rien à voir avec les

1. On remarquera que cette expression est quasiment synonyme de « changer sa personne », ce qui suggère que l'idée d'âme est vraisemblablement une réification de la personne.

2. C'est l'une des idées centrales de Gottlob Frege. Cf. notamment la première « Recherche logique » intitulée « La pensée », dans G. Frege, *Écrits logiques et philosophiques*, trad. C. Imbert, Paris, Seuil, 1971, p. 170-195.

conditions d'identité de ce qui est causalement responsable du
«penser» de cet individu. Le fait que nous ayons affaire à la
même hypostase ou au même sujet pensant ne permet pas de
décider si les pensées successives de cette hypostase ou de
ce sujet sont deux occurrences de la même pensée ou deux
pensées distinctes.

Or, dans le cas de Paul, penser à soi, c'est évidemment
penser *quelque chose* de soi, penser qu'il s'appelle Paul, qu'il
ira chez Jacques demain, qu'il a vu Pierre hier, etc. Et, comme
nous l'avons vu, ce sont ces pensées de soi, en raison de leur
contenu, qui font que Paul est la personne qu'il est. L'hypostase humaine à laquelle nous avons affaire *est* Paul en raison de
ce qu'elle pense qu'elle est.

Le problème est que Paul n'est pas identique avec *l'une* de
ces pensées, ni même avec chacune d'entre elles successivement. Paul traverse le temps et pour cette raison il ne peut
être identifié avec l'une quelconque de ses pensées de soi successives. Il est donc évidemment très tentant, et rares sont les
philosophes à avoir résisté à cette tentation, d'identifier Paul
avec le «penseur» de ces pensées successives, avec le «sujet»
pensant, c'est-à-dire avec le cerveau ou l'âme, voire la «conscience» ou le «Je» qui font exister ces pensées. Mais là réside
le véritable et principal paralogisme de la théorie usuelle de la
personne[1]. Comme une personne est quelque chose qui semble
posséder une existence continue dans le temps, on est tenté de
l'identifier avec une *substance* possédant une existence continue dans le temps, qu'il s'agisse du cerveau, de l'âme ou de
la conscience. Mais la faute que l'on commet est de même nature que celle que l'on commettrait si l'on identifiait les condi-

---

1. L'expression de «paralogisme» en rapport avec la théorie de la personne vient de Kant: *Critique de la Raison pure*, A 341-404/B 399-432, trad.
A. Renaut, Paris, Aubier, 1997, p. 360-416.

tions d'identité d'une pensée avec les conditions d'identité du penseur de cette pensée.

Si l'on veut éviter ce paralogisme, il faut donc expliquer l'identité transtemporelle de la personne en invoquant autre chose que la permanence d'une substance, quelle qu'elle soit. Écartons d'emblée le subterfuge qui consisterait à dire que ce qui fait que la personne reste la même, c'est que c'est le même « je » qui est présent dans chacune des pensées différentes et successives. Car que veut dire « même "je" » ? Même proférateur ou locuteur de ce « je » ? Mais on est alors renvoyé au paralogisme précédent, puisqu'on identifie la personne à son hypostase. Veut-on dire alors que c'est le même mot, voire le même concept ? Mais c'est aussi le même mot ou le même concept qui sort de la bouche d'autrui. En outre, si ce même « je » était d'abord présent dans quelque « Je suis Jekyll et j'aime les hommes » puis, quelque jours après dans un : « Je suis Hyde et j'assassine les hommes » sortant de la même bouche, ne faudrait-il pas dire que le même « je » correspond à deux personnes différentes ? Ceci suggère par conséquent que ce qui compte dans une pensée égologique et qui l'individue, c'est son prédicat, pas son sujet. La personne est constituée par les prédicats qu'elle articule égologiquement, et non par le terme fonctionnel qui permet leur articulation.

Posons donc que ce qui fait la personne de Paul, c'est l'ensemble des prédicats qui entrent ou peuvent entrer dans ses jugements égologiques. Comme nous l'avons vu, la vérité ou la fausseté de ces jugements n'est nullement pertinente pour définir la personne. Si Paul pensait sincèrement qu'il possède un corps de verre, cette pensée serait constitutive de la personne qu'est Paul, quoiqu'elle fût fausse. Une personne peut vivre en croyant être née à telle époque de tels parents, mais, même si cela est faux, ces pensées sont constitutives de la personne qu'elle est. Comment maintenant concevoir l'identité transtemporelle d'une personne si une personne est iden-

tique avec l'ensemble de ce qu'elle pense égologiquement ?
Nous avons vu que la réponse ne pouvait résider dans l'identité
substantielle de la chose qui pense ces pensées, puisque c'est le
contenu de ces pensées qui fait que la « chose » est telle
personne ou telle autre[1]. La réponse ne peut donc résider que
dans l'organisation interne de cet ensemble de pensées.

Une première solution, qui a la faveur de beaucoup de
philosophes, a été suggérée par Locke et repose tout entière sur
la capacité que nous avons de nous souvenir de ce que nous
avons fait ou pensé antérieurement. Ce qui fait que nous
aurions affaire à une seule et même personne au fil du temps,
c'est que les pensées égologiques successives de cette personne, ou une partie d'entre elles, sont *retenues* et peuvent être
re-formées au fil du temps, soit au passé, soit en leur préfixant
un « je me souviens que je... ». Nous examinerons plus en
détail cette idée un peu plus loin en commentant un texte de
Locke, mais un simple exemple suffira sans doute pour que le
lecteur en perçoive l'inadéquation foncière. Supposons que le
Dr Jekyll ait eu coutume chaque dimanche, pendant un an,
d'aller dans un certain restaurant. Le Dr Jekyll en a gardé
le souvenir, même si c'est une habitude qui remonte à sa
jeunesse. Supposons maintenant que Mr Hyde, son successeur
après l'Accident, se souvienne d'être allé chaque dimanche
pendant un an dans un certain restaurant[2] : c'était il y a bien
longtemps, il était jeune et n'avait pas encore sa manie criminelle. Il est tout à fait évident qu'il ne s'ensuit nullement
que Mr Hyde est le Dr Jekyll. Car Mr Hyde se souvient que
lui, Mr Hyde allait au restaurant le dimanche, tandis que le
Dr Jekyll se souvient que *lui*, Dr Jekyll, allait au restaurant

---

1. Il ne faut donc pas dire « Je suis une chose qui pense », mais « Je suis ce
qu'une chose qui pense pense qu'elle est ».

2. Autrement dit, l'Accident n'a provoqué qu'une amnésie partielle : des
souvenirs anciens flottent encore ici et là dans la tête de Mr Hyde.

chaque dimanche. Un observateur extérieur saurait que c'est le même homme qui est allé dans ce restaurant chaque dimanche à une certaine époque et que c'est le même souvenir qui nourrit la pensée de l'un et de l'autre, mais la continuité mémorielle serait incapable, à elle seule, de constituer l'identité de la personne. Ce qui importe n'est pas la *bouche* qui dit : « Je me souviens d'être allé au restaurant "La Guinguette" chaque dimanche de l'année 1823 », mais la *personne* qui le dit. Un souvenir « subjectif » consiste le plus souvent à se souvenir d'avoir fait telle chose, d'être à tel endroit ou avec telle personne. Autrement dit, le « sujet » n'est pas présent *dans* le souvenir. En conséquence lorsqu'on se remémore d'avoir fait telle chose, celui dont nous nous souvenons qu'il a fait telle chose, c'est la personne que nous sommes maintenant, celle qui dit « je » *au présent.*

Il nous semble donc que notre aptitude à nous souvenir de nos actions passées ne saurait, à elle seule au moins, faire que nous restons la même personne. S'il est évident qu'une personne sans aucune mémoire ne pourrait durer plus de quelques instants, la mémoire n'est pas une condition suffisante de l'identité transtemporelle d'une personne. Qu'est-ce qui fait alors la différence entre le Dr Jekyll et Mr Hyde ? Qu'est-ce qui fait qu'un même souvenir est dans un cas un souvenir du Dr Jekyll et dans l'autre un souvenir de Mr Hyde ? La réponse, nous semble-t-il, peut être aisément trouvée si l'on prête attention au fait que nos pensées égologiques sont de diverses sortes. En particulier, nous pouvons faire une différence entre des pensées occurrentes et des pensées permanentes. La pensée « Je marche » est une pensée occurrente. Je la forme dans le temps où je marche ou, au moins, dans le temps où j'ai le sentiment intérieur de marcher. En revanche la pensée que je suis Stéphane Chauvier, que je connais telle personne, que j'aime faire telle chose etc., sont des pensées que je suis susceptible de former et de re-former à divers moments du temps. En un sens la capacité de former et de re-former ces pensées suppose la mémoire, mais les pensées concernées ne sont pas des souvenirs. Quand je pense : « Je suis Stéphane Chauvier », il est vrai que je dois avoir gardé en mémoire que je suis Stéphane Chauvier, mais ma pensée n'est pas : « Je me souviens que je suis Stéphane Chauvier ». Elle n'a pas la forme d'un souvenir, même si elle dépend « hypostatiquement » de ma mémoire.

La solution au problème de l'identité transtemporelle de la personne suppose donc, croyons-nous, que l'on prenne en compte la nature ou le contenu des pensées qui constituent une personne. On pourrait dire qu'à coté de nos pensées occurrentes et qui sont liées à notre situation présente, il y a un noyau de pensées permanentes ou, du moins, en permanence disponibles. De quoi ces pensées sont-elles faites ? On pourrait dire qu'elles sont faites de la nature et de la vie de notre hypostase. Comme nous l'avons plusieurs fois souligné, même si ce sont ses pensées égologiques qui font une personne, une personne n'est pas un ectoplasme désincarné. Nous avons un corps, nous avons des sensations, nous avons des sentiments, des passions, un caractère, une histoire et tout ceci n'est évidemment pas inaperçu de nous. Nous nous savons, en première personne, avoir un certain corps, de certaines passions, etc. Et, dans la plupart des cas, ces pensées sont *vraies*, c'est-à-dire que nous les avons parce que l'hypostase concrète que nous sommes est ainsi. On pourrait dire que l'hypostase remonte dans la personne, de sorte que celle-ci *hérite* de la continuité transtemporelle de celle-là.

Imaginons une créature qui ne serait capable que de pensées égologiques occurrentes. Cette créature ne pourrait penser que des choses comme : « Je suis assise », « J'ai faim », « Je crois qu'il pleuvra ». Même si elle était dotée d'une mémoire et qu'elle était capable de former la pensée « J'étais assise il y a une demi-heure », nous aurions du mal à y voir une vraie personne. Car nous aurions du mal à lui prêter une *identité*. À la question « Qui es-tu ? » elle ne trouverait rien à répondre. Et nous-mêmes serions bien en peine de faire connaître à un tiers quelle personne elle est. Autrement dit, ce n'est certainement pas un accident que le mot « identité » puisse désigner à la fois l'identité métaphysique, ce qui fait qu'une substance se distingue de toutes les autres et reste la même au long du temps, et l'identité psychologique, ce qu'une personne est pour elle-même, ce qui la distingue des autres et assure sa permanence transtemporelle. Car l'identité psychologique d'une personne est aussi ce qui fait son identité métaphysique, de sorte qu'une personne sans identité psychologique, comme notre personne occurrente, semble dénuée d'identité métaphysique.

Ce qui fait donc l'identité transtemporelle d'une personne n'est pas l'identité substantielle de son hypostase : la mêmeté du corps, de l'âme, du cerveau, de la conscience ne font pas plus l'identité personnelle que la mêmeté d'un acteur ne fait celle du personnage qu'il incarne à la scène. Ce qui fait l'identité transtemporelle d'une personne n'est pas non plus la continuité mnémonique de ses pensées : la même carte à jouer portant l'effigie d'un valet peut *être* la carte maîtresse si elle est intégrée à une partie de belote ou une carte auxiliaire si on l'utilise dans une partie de poker. Les souvenirs concernent la personne qui les forme et non celle qui a vécu l'événement qu'ils représentent. Ce qui fait l'identité transtemporelle d'une personne, c'est la permanence ou la disponibilité permanente d'un ensemble de pensées égologiques héritées de la vie de notre hypostase, aussi bien de sa vie organique réelle, que de sa vie dans la conscience et la parole des autres. Il n'y a certes pas de lien nécessaire entre les propriétés de notre corps ou les étapes de notre histoire et ce que nous en connaissons. Mais, dans les cas normaux ou plutôt « nomaux », la nature comme l'histoire remontent dans l'esprit et ce que nous pensons de nous-mêmes est aussi ce qu'autrui en perçoit ou en connaît. Toutefois le lien n'est pas nécessaire : nous pouvons penser que nous sommes une femme et vouloir que notre corps se conforme à ce que nous nous savons être pour que les *autres* nous voient enfin comme nous *sommes*[1]. En général cependant, nous nous voyons tels que nous sommes aux yeux des autres ou nous nous y efforçons. En outre, nous intégrons à cette image de nous-mêmes les changements qui affectent notre hypostase physique et affective. Le caractère continu de ces changements de pensées préserve l'identité transtemporelle de la personne que nous sommes, de la même manière que le changement continu de notre corps préserve l'identité transtemporelle de notre corps. Il y a là une forme de parallélisme psychophysique. Des changements plus brutaux à l'intérieur du cœur du Moi peuvent cependant survenir : on peut découvrir notre véritable origine et l'assumer ; notre corps peut subir une grave et brutale altération ; nous pouvons être convaincus par un gourou. Nous serons cependant enclins à dire que tous ces changements font un changement de *personnalité* plus que de personne, parce qu'ils préserveront une partie du cœur du Moi : Saül et Paul sont une même personne, quoique profondément changée. Une autre personne nous succèderait en revanche si ce noyau du Moi pouvait être entièrement détruit et remplacé par quelque autre noyau ou si un nouveau « noyau » devait se reformer peu à peu : des cas d'amnésie complète portant précisément sur le seul noyau du Moi n'ont rien de physiologiquement impossible[2].

---

1. Une conception ontologique de la personne doit considérer les transsexuels comme des hommes qui se prennent pour des femmes. Une conception cognitionniste de la personne les considérera comme des femmes qui s'efforcent de convaincre les autres qu'elles en sont.
2. C'est du moins imaginable et plausible, comme le montre l'admirable film d'Aki Kaurismäki : « L'Homme sans passé ».

Toutefois, il est un point capital à souligner. C'est que ces critères de « l'identité personnelle » n'ont pas la même portée lorsqu'on en fait usage en première ou en troisième personne. Un observateur fera une différence entre Saül et Paul d'un coté, Dr Jekyll et Mr Hyde de l'autre. Cette différence pourra être reflétée en première personne dans le fait que Paul se souvient de Saül, tandis que Mr Hyde n'a aucune connaissance « du dedans » du Dr Jekyll. Toutefois si, aux yeux d'un observateur extérieur, Paul n'est qu'une métamorphose de Saül, Saül n'apparaît-il pas à Paul *comme une autre personne* dont la conduite lui est désormais inintelligible ? Considérons plus simplement nos souvenirs d'enfance. Le plus souvent, si nous pouvons nous rappeler ce que nous avons fait il y a longtemps, nous ne nous rappelons pas en revanche quelle conscience de nous-mêmes nous avions dans ces années lointaines. Nous ne nous rappelons pas des pensées égologiques que nous étions à ce moment, mais seulement d'événements, de scènes, de visages, de lieux, comme on visiterait une maison, manifestement habitée, mais dont on ne trouverait nulle part l'occupant. Parfois on nous rapporte nos faits et gestes et c'est comme si l'on nous parlait d'une autre personne. On nous dit comment nous étions à l'âge de huit ans, mais il paraît difficile d'intégrer cela à nous-mêmes comme nous le faisons des projets que nous avons formés il y a quelque temps et qui sont toujours les nôtres. Cela veut dire, croyons-nous, que l'extension temporelle d'une personne n'est pas la même en première et en troisième personne, que la personne des autres est temporellement plus étendue que la nôtre. Il est certes évident que nous *intégrons* à notre point de vue sur nous-mêmes celui que les autres ont sur nous-mêmes. Nous croyons que le garçon de huit ans dont on nous parle est nous-mêmes. Mais il reste une différence qualitative entre ce que nous nous remémorons « du dedans » et ce que nous assumons sur la base du témoignage des autres. En particulier un lien important entre les phases successives d'une même personne est constituée par ses intentions, ses projets, ses attentes[1]. Nous intégrons immédiatement à nous-mêmes ce que nous nous souvenons d'avoir fait il y a quelques jours parce que nous continuons d'être animés des mêmes intentions ou bien parce que nous pouvons, réflexivement, les comprendre. Mais lorsque ce lien intentionnel se trouve perdu, tout se passe comme si la personne dont les autres nous disent qu'elle fut nous-mêmes et que quelques souvenirs font revivre en nous, était une autre personne. Si nous ne passions pas par le point de vue des autres sur nous-mêmes, notre extension temporelle serait très limitée.

Nous pouvons donc dire que, en principe, *une* personne = *un* Moi, de sorte qu'il est bien *logiquement* possible qu'une même hypostase soit successivement plusieurs personnes. Toutefois, les personnes *humaines* ont une hypostase tellement imbriquée dans leur identité psychologique qu'elles préservent, au long de leur existence temporelle, un ensemble de pensées égologiques autour desquelles se bâtit leur identité psychologique. Si l'identité des personnes n'est pas l'identité de leur hypostase, la substantialité propre de leur hypostase est la base informationnelle qui assure une partie notable de leur propre identité psychologique. Toutefois, non seulement il peut arriver que cette identité se brise, voire qu'elle se divise[2], mais, surtout, l'extension temporelle d'un Moi n'est pas la même pour la personne elle-même et pour un observateur de la personne. Ce n'est pas tant que nous *sommes* plu-

---

1. Cf. Joëlle Proust, « Identité personnelle et pathologie de l'action », dans *Raisons pratiques*, 7, 1996, p. 155-176.

2. C'est le problème de ce qu'on appelle les « personnalités multiples », en réalité les multiples personnes qu'une même hypostase peut abriter. Un cas artificiel est celui imaginé par Nagel dans son article précité. Un cas réel est celui de certaines formes de schizophrénie.

sieurs personnes : cela n'a aucun sens. Mais c'est que la personne que nous sommes pour nous-mêmes ou du dedans est plus resserrée que celle que les autres perçoivent. S'il y a donc une solution simple au problème des « frontières internes » du concept de personne, à savoir qu'une même personne = un même Moi, nous devons reconnaître également que, même si nous pouvons parvenir à déterminer à quelles conditions un Moi peut rester le même Moi quoiqu'il ne soit pas une « substance », cette détermination ne débouche pas sur la même solution lorsqu'elle est formulée en première et en troisième personne. Il y a donc une indétermination réelle de cette question des frontières internes, parce qu'il y a une concurrence réelle entre le point de vue de la première personne et celui de la troisième personne. Nous sommes plus étendus dans le passé aux yeux des autres que nous ne le sommes à nos propres yeux. Nous *croyons* les autres. Mais nous avons beau faire : nous ne pourrons nous *voir* comme ils nous voient. C'est notre quête du Moi perdu.

Seuls les êtres humains sont-ils des personnes ?

Considérons maintenant les frontières « externes » du concept de personne. L'analyse du concept de personne nous a montré que ce concept n'impliquait pas celui d'humanité. Pour définir le concept de personne, nous n'avons pas besoin de faire usage du concept d'homme. Seul le concept d'hypostase est requis, car une personne est d'abord une pensée de soi hypostasiée, quelle que soit, en principe, la nature de cette hypostase. Cette indépendance du concept de personne et du concept d'être humain explique donc que l'application du concept de personne puisse buter sur des problèmes de frontière externe : si l'on pose qu'une personne est une hypostase individualisée par sa pensée et sa vie égologiques, il s'ensuit qu'il peut exister des personnes qui ne sont pas humaines.

Mais quelles *sortes* d'hypostases, en dehors des hommes, peuvent être ainsi « personnalisées » ? Quels êtres parmi ceux qui nous entourent sont des personnes ?

Nous avons vu qu'une hypostase était une personne si elle accomplissait un certain type de *performance*, en l'occurrence développer une pensée et une vie égologiques. Mais nous avons également insisté sur le fait que, si ce sont les pensées de soi qui font la personne, ces pensées de soi ont une existence hypostatique, elles supposent un « penser ». C'est nécessairement une hypostase qui pense à soi, cette hypostase devenant une personne et une personne déterminée en raison du contenu de ses pensées de soi. Pour déterminer quelles sortes d'hypostases peuvent être des personnes et si toute hypostase de cette sorte est nécessairement une personne, on pourrait donc être tenté d'identifier ce qui, dans une hypostase, est causalement responsable de ce genre de performances. Pour jouer au tennis, il faut avoir des bras : les serpents ne pourraient donc jouer au tennis. De même pour penser et vivre égologiquement, il semble nécessaire d'être doté de certains « organes » propres à permettre l'exécution de ces performances.

Toutefois, cette voie d'approche n'est guère concluante, en ce sens qu'elle ne permet pas de trancher les cas critiques. Les deux principaux candidats au statut de précondition hypostatique de la personnalité sont en effet le cerveau et l'âme. Or d'une part, même si on affirme que c'est une âme qui est causalement responsable du penser de soi, il reste encore à déterminer a) quels êtres ont une âme et b) si toute âme est capable de cette performance. Dans le premier cas en particulier, on sait que les amis de l'âme se sont disputés pour savoir si les animaux en avait une. D'autre part, comme le note (ironiquement) Alan Turing, on ne peut exclure que les ordinateurs en aient une[1]. Les mêmes problèmes concernent le cerveau, avec ici cette différence supplémentaire que le concept de cerveau semble pouvoir être élargi, pour y inclure, précisément, les ordinateurs. Il semble donc préférable d'aborder ces problèmes, non pas à partir de la nature ou de la complexion de l'hypostase, mais à partir de ses performances. Après tout, si on posait la question : « Quelles hypostases peuvent être des pianistes ? » on pourrait faire fausse route en croyant que cela ne doit concerner que des hypostases ayant des mains. Car il pourrait fort bien se trouver des créatures dotées d'une longue langue fourchue, extrêmement mobile et agile, et qui les rendrait capables de jouer du Chopin. Nous admettrons donc, pour notre part, que c'est le cerveau qui est causalement responsable, chez les hommes, de leur pensée, mais la seule information que cela nous donne, c'est que les pierres, les nuages, les arbres ne sont pas des personnes, choses que plus personne ne croit.

Partons donc plutôt des « performances » qui sont constitutives des personnes que nous connaissons et demandons-nous en premier lieu quelles sont les conditions minimales qui doivent être réunies pour qu'un être soit une personne. Si cette question a un sens et mérite d'être posée, c'est précisément parce qu'il ne semble pas nécessaire qu'un être soit une personne au sens où *nous* sommes des personnes pour en être une. La gamme des prédicats que nous pouvons nous attribuer est en effet extrêmement élargie et complexe, mais elle dépend en bonne partie du fait que nous sommes des personnes *humaines*. Par exemple une créature qui ne connaîtrait ni l'amour

---

1. Alan Turing, « Les ordinateurs et l'intelligence » [1950], dans Alan Turing, Jean-Yves Girard, *La machine de Turing*, Paris, Seuil, 1995, p. 149-150. Ce texte de Turing est fondamental pour toute discussion relative à l'éventuelle personnalité des ordinateurs et l'on ne saurait trop inciter le lecteur à s'y reporter.

ni la haine devrait-elle ne pas être considérée comme une personne, sous prétexte qu'elle ne pourrait penser : « j'aime ceci » ou « je déteste cela » ? Cela paraît absurde. De même, quoique peut-être plus délicat à admettre, une créature qui serait dénuée de toute sensibilité, qui ne sentirait rien quoi qu'on lui fasse ou quoi qu'il se passe autour d'elle, devrait-elle ne pas être une personne ? Supposez que vous perdiez toute sensibilité. On vous pince et vous ne sentez rien. Vous levez la jambe, mais ne sentez pas que vous la levez. Cesserez-vous pour autant d'être une personne, si vous gardez l'aptitude à décider de vous lever, par exemple parce que votre raison vous le commande [1] ? Il semble intuitivement que l'on doive répondre que non, ce qui implique que la sensibilité n'est pas une composante essentielle de la personnalité, que sa présence ne fait pas la personne, que son absence ne la détruit pas non plus. Nous pourrions donc être tentés de dire qu'un être est une personne si, tout simplement, il a une pensée de soi, quel que soit le contenu de cette pensée de soi, quels que soient les types de propriétés qu'il peut s'attribuer. Toutefois nous avons vu qu'il semblait difficile d'imaginer qu'une créature soit vraiment une personne si la seule chose à quoi elle pouvait penser égologiquement, c'était à ses opérations courantes. Non seulement une telle personne n'aurait pas d'identité trans-temporelle, mais il est douteux qu'elle soit véritablement capable d'intentions et d'actions. Car il semble difficile d'imaginer qu'une créature puisse vouloir quelque chose sans être capable de se représenter en quoi ce quelque chose est bon pour elle, ce qui suppose une pensée de soi plus élargie que la simple attention à nos opérations courantes. Néanmoins nous ne pouvons décider arbitrairement qu'une telle créature n'est

---

1. Il se peut évidemment que vous soyez bien en peine pour parvenir à vous lever. Mais faut-il refuser le statut de personne aux êtres qui ne peuvent pas faire ce qu'ils veulent ?

pas une personne. Elle a en effet beaucoup de traits en commun avec une personne accomplie, à commencer par la décisive capacité de penser à soi.

Nous proposons donc d'appeler « proto-personnes » des personnes sans identité psychologique, comme celle que nous venons de décrire. Ce sont, pourrait-on dire, des embryons de personnes, des personnes potentielles à qui il ne manque que des capacités cognitives plus complexes pour être capables de répondre à quelque : « Qui es-tu ? ». En revanche, nous pourrions appeler « exo-personnes » toutes les sortes de personnes qui, à la fois, auraient une identité psychologique et une capacité d'initiative, mais qui, en raison de la nature de leur hypostase, auraient un Moi qui se distinguerait catégoriale-ment de celui des personnes humaines. Si, par exemple, il pouvait exister des personnes dont l'hypostase soit une boule de guimauve bleue, il est vraisemblable que le Moi de ces personnes serait assez exotique par rapport à ce que nous, personnes humaines, pensons que nous sommes. Une variété notable d'exo-personnes est constituée par les *zombies*. Ce sont des personnes qui ne sentent ni ne ressentent rien. Elles ont une idée d'elles-mêmes, et parfois même une haute idée d'elles-mêmes, mais elles n'ont ni sensibilité, ni passions ou affects[1].

Se demander s'il existe des personnes qui ne soient pas hu-maines, c'est donc se demander s'il existe des proto-personnes ou bien des exo-personnes. Notre capacité à imaginer des exo-personnes est indéfinie. Mais il y a au moins deux types d'hypostases réellement existantes dont la question de savoir si elles sont des personnes se pose effectivement : ce sont les

---

1. D'autres variétés d'exo-personnes sont décrites par Henri Michaux dans son *Voyage en Grande Garabagne* [1948] (dans *Œuvres complètes*, II, « La Pléiade », Paris, Gallimard, 2001, p. 3-65). L'exotisme de ces personnes est psychologique plus que physique.

animaux et les machines. Il n'est évidemment pas dans les possibilités de ce petit ouvrage de traiter à fond ces deux questions. Nous voudrions donc seulement attirer l'attention du lecteur sur les problèmes qui doivent être résolus pour trancher ces questions dans un sens ou dans l'autre.

Commençons par le problème soulevé par les animaux : les animaux ou certains animaux sont-ils des personnes ? Quelques auteurs, notamment Peter Singer[1], soutiennent que quelques animaux sont des personnes, notamment les grands singes, mais aussi les baleines, les dauphins, voire les chats, les cochons, etc. En conséquence les devoirs que nous avons à l'endroit des personnes, nous les aurions à l'égard de ces animaux. Le problème central est donc le suivant : peut-on établir que ces animaux ont une pensée de soi ? Comme ils ne nous parlent pas et ne semblent pas non plus se parler[2], nous ne pouvons nous baser sur leur discours pour nous en assurer[3]. Reste leur comportement : celui-ci n'est-il *explicable* que si nous prêtons à ces animaux au moins une pensée de soi occurrente et non verbale ?

Notons d'abord que si quelques animaux sont des personnes, ce seront au mieux des proto-personnes, des personnes sans identité. Or, il n'est pas du tout évident que nous ayons les mêmes devoirs à l'égard des personnes et à l'égard d'éventuelles proto-personnes. Une personne a des intentions et un

1. Peter Singer, *Practical Ethics*, 2e éd., Cambridge, Cambridge University Press, 1993, trad. M. Marcuzzi, *Questions d'éthique pratique*, Paris, Bayard, 1997.

2. Rappelons que l'on doit distinguer les langages de signaux, qui sont avérés chez certaines espèces animales, et les langages symboliques doublement articulés qui permettent d'engendrer un nombre indéfini de messages.

3. Pour Descartes, cela suffisait à prouver qu'ils n'étaient pas des « substances pensantes ». Cf. la célèbre lettre au marquis de Newcastle du 23 novembre 1646, AT, IV, Paris, Vrin, p. 574-575.

projet de vie et c'est cela que nous devons moralement respecter ou prendre en compte. Mais est-ce le cas d'une proto-personne ? À notre sens, les devoirs que nous avons vis-à-vis d'une proto-personne ne diffèrent pas de ceux que nous avons vis-à-vis des êtres sensibles en général, de sorte que la question de fait : « Les animaux sont-ils des proto-personnes ? » ne nous paraît avoir aucune conséquence sur l'étendue et la variété de nos devoirs moraux. Toutefois, même si l'on pense qu'il y a, entre une proto-personne et un simple être sensible, des différences moralement pertinentes, cela entraînera, non pas que nous devrons traiter les proto-personnes comme des personnes, mais que nous devrons distinguer entre trois types de devoirs moraux : ceux que nous avons vis-à-vis des personnes, ceux que nous avons vis-à-vis des seuls êtres sensibles et ceux que nous avons vis-à-vis des proto-personnes[1]. Il y aura donc toujours une différence entre le traitement moral des personnes humaines et le traitement moral des animaux.

Si l'on se tourne maintenant vers la question de fait : « Les animaux sont-ils des proto-personnes ? », on trouvera, dans la littérature, un certain nombre de réponses affirmatives à cette question[2]. Le problème est que la plupart de ces réponses affirmatives sont motivées par le fait que le comportement de certains animaux semble impliquer une « conscience de soi ». Or, comme nous l'avons suggéré un peu plus haut, il faut pourtant faire une différence entre le fait d'avoir des informations sur soi et le fait de les traiter *comme* des informations sur soi, de les intégrer à un « concept de soi ». Nous pouvons dire qu'un

---

1. Mais à supposer que, par exemple, les gorilles soient des proto-personnes et que les tigres n'en soient pas, que nous serait-il permis de faire à des tigres qui nous soit refusé vis-à-vis des gorilles ?

2. L'ouvrage à notre sens le plus argumenté sur ce point est celui de Jose-Luis Bermudez, *The Paradox of Self-Consciousness*, Cambridge (Mass.), The MIT Press, 1998.

lion perçoit une gazelle et donc, en un sens, est conscient de cette gazelle, mais il est douteux qu'il perçoive cette gazelle *comme* une gazelle, c'est-à-dire qu'il mobilise un concept de gazelle. De même un animal peut percevoir qu'il se déplace sans nécessairement *reconnaître* qu'il se déplace. On peut être sensible à un certain stimulus et y répondre de manière appropriée, sans que la capacité de discriminer des stimuli ait la forme d'une discrimination conceptuelle[1]. La question centrale que doit résoudre quiconque veut faire de quelques animaux des proto-personnes est donc la suivante : le comportement de certaines bêtes est-il tel que nous ne pouvons nous expliquer qu'ils l'adoptent qu'en supposant que, non seulement ils sont sensibles à certaines informations dont leur corps est la source, mais qu'en outre ils traitent ces informations comme des informations sur soi ? À notre sens, la réponse à cette question est négative, quoique nous ne puissions le montrer ici en détail[2]. Disons, en peu de mots, que la différence précédente est un cas particulier de la distinction plus générale entre la sensibilité sélective à un type d'informations et la conceptualisation de ces informations. Or il paraît plausible d'admettre a) que l'aptitude à la conceptualisation suppose une aptitude plus générale à la symbolisation et b) que l'exercice de cette aptitude à la symbolisation passe par l'apprentissage social d'un langage. Cependant nous pouvons constater empiriquement qu'il n'existe rien de tel qu'un apprentissage social d'un langage symbolique chez les diverses espèces animales que nous connaissons. D'où suit que même si un animal est sensible à la différence entre, par exemple, son propre mouvement et

---

1. Autrement dit, ce qu'un agent humain fait de manière *infra*-consciente, par exemple éviter un obstacle sans avoir eu le temps de reconnaître *quel* obstacle c'était, pourquoi cela ne constituerait-il le contenu de la conscience des animaux ?

2. Cf. le chapitre 3 de notre *Dire « je »*.

celui de l'environnement, il ne s'ensuit pas que nous pouvons le créditer de la *pensée* « Je bouge ». Même si l'on peut prêter une *conscience de soi* à certains animaux, il est donc beaucoup plus controversé de leur prêter une *pensée de soi en première personne*, de sorte qu'il est douteux qu'il existe ne serait-ce que des proto-personnes animales.

Peut-il exister maintenant des personnes artificielles ? C'est-à-dire, peut-on fabriquer des hypostases ayant la capacité de penser à soi ? Pour en juger, nous invitons d'abord le lecteur à allumer son ordinateur et à se connecter à l'adresse suivante : http://www.alicebot.org. Là, s'il parle anglais, il pourra dialoguer avec Alice. Alice ne se cache d'être un robot, de même que nous ne nous cachons pas d'être des humains. En particulier, il ne sert à rien d'interroger Alice sur ses sensations : elle n'en a pas et ne se cache pas de ne pas en avoir. Si Alice est une personne, c'est donc un zombie. Elle ne sait pas ce que cela fait de sentir l'odeur d'une rose. Mais il n'est nullement nécessaire d'être une créature sensible pour être une personne, pas plus d'ailleurs qu'il ne suffit d'être sensible pour être une personne. Il y a des personnes sensibles, mais il n'y a pas de nécessité à ce qu'elles le soient toutes[1].

Pourtant, nous *savons* qu'Alice n'est pas une personne, parce que nous savons comment Alice a été *fabriquée*. Alice ne comprend pas nos phrases et ne comprend pas non plus celles qu'elle prononce. Alice est un calculateur syntaxique. Alice simule le comportement linguistique d'une personne, mais nous

1. Comme le suggère toutefois le film de Steven Spielberg, *A.I.*, il serait « pénible » pour des personnes insensibles de vivre parmi des personnes sensibles comme le sont les humains. Une partie du langage et une bonne part du comportement de ces derniers leur seraient inintelligibles. Toutefois il semble contradictoire de supposer que ces zombies soient *frustrés* par leur ignorance. À moins d'admettre que le désir d'apprendre et de comprendre est consubstantiel à l'activité de penser, qu'il n'est pas un état qualitatif qui s'ajoute à cette activité, mais son exercice même.

savons qu'elle ne fait que le simuler[1]. La question que l'on doit
se poser est alors la suivante : que faudrait-il pour qu'Alice soit
une vraie personne, et non la simulation d'une personne ? Quelques auteurs affirment, à la suite du philosophe John Searle[2],
qu'il faudrait qu'Alice ne soit pas un calculateur syntaxique,
autrement dit un dispositif qui transforme des suites de
symboles en d'autres suites de symboles conformément à
certaines règles. Mais le problème est que nous ne savons pas
si, en dernière analyse, ce n'est pas un processus semblable,
quoique beaucoup plus complexe, qui nous rend capables des
performances que nous accomplissons. En revanche ce qui est
tout à fait pénible dans Alice et qui nous assure qu'elle ne
comprend pas ce qu'elle dit, c'est que nous savons qu'elle n'a
pas *appris*, par elle-même, à connaître tout ce dont elle nous
parle. Imaginons qu'Alice ait découvert par elle même qu'elle
était un robot, que le soleil se levait chaque jour, que les humains étaient méchants, etc. Il est manifeste que si Alice était
capable de cela et si c'était à cela qu'était due la pertinence de
ses réparties, peu nous importerait qu'Alice fût un calculateur
syntaxique implémenté dans du silicium et autres composants
inorganiques de ce genre. Alice serait des nôtres, elle serait
membre du cercle étroit des personnes. Pourquoi toutefois
l'éventualité d'un tel apprentissage nous entraînerait-il à tenir
Alice pour une personne ? Parce que ce serait l'indice qu'Alice
sait *de quoi* elle parle, puisqu'elle aurait tiré sa pensée des
choses mêmes. Ce serait en outre l'indice qu'Alice est capable

---

1. De fait, Alice est parvenue à être prise pour une personne humaine par
des utilisateurs auxquels on avait caché son hypostase. Elle est le vainqueur de
la dernière édition du « Loebner Prize », une version restreinte du fameux « test
de Turing », proposé par le logicien anglais dans l'article précité comme une
manière de trancher la question : « Les ordinateurs peuvent-ils penser ? ».

2. L'article séminal de Searle sur cette question est « Minds, Brains and
Programs » in *Behavioral and Brain Sciences*, vol. 3, 1980, p. 417-457.

de partager nos intérêts, et non de simuler qu'elle les partage[1]. Peu nous importerait que, dans le tréfonds de son hypostase, on ne puisse observer que des transformations syntaxiques. Quand elle nous dirait qu'elle est un robot ou que notre pantalon est en feu, nous saurions qu'elle ne fait pas que simuler la référence linguistique. Elle ferait effectivement référence.

Nous pouvons donc avancer que, pour produire une personne artificielle, il faudrait, comme le suggérait Alan Turing lui-même, non pas « produire un programme qui simule l'esprit d'un adulte » mais en « produire un qui simule l'esprit d'un enfant »[2]. En outre ce programme devrait être implémenté dans un robot, plus que dans un ordinateur, car comment aller du référent au mot, sans *aller* d'abord au référent ? Enfin, il faudrait encore que cet esprit soit capable de se former en interaction avec d'autres personnes, car comment mettre des mots sur les choses, sans que quelqu'un ne nous donne ces mots ? Or, si nous sommes capables de produire des robots qui apprennent, ce que nous savons à l'heure actuelle leur faire apprendre est bien loin de ce qui serait nécessaire pour que nous les prenions ne serait-ce que pour des proto-personnes artificielles[3].

TOUT ÊTRE HUMAIN EST-IL UNE PERSONNE ?

Il est donc douteux qu'il y ait, dans le monde qui nous entoure et que nous connaissons, des personnes autres qu'humaines. Peut-être existe-t-il des exo-personnes extra-

---

1. Comme l'écrit Vincent Descombes, « la machine ne saurait avoir des intérêts propres si elle n'a pas une forme de vie, des buts susceptibles d'apparaître en accord ou en conflit avec ceux d'autres machines et des institutions » (*La denrée mentale*, Paris, Minuit, 1995, p. 162).

2. « Les ordinateurs et l'intelligence », *op. cit.*, p. 169.

3. Pour une vue d'ensemble de ce que l'on peut aujourd'hui réaliser dans ce domaine, cf. *La Recherche*, n° 350, février 2002 : « Les nouveaux robots ».

terrestres. Peut-être existe-t-il également des anges ou des dieux. Mais pour de telles créatures le problème de leur existence prime sur celui de leur « quiddité ».

Toutefois s'il ne semble exister d'autres personnes qu'humaines, il reste vrai, en principe, que toute personne n'est pas nécessairement humaine. Ceci conduit donc à se demander si, en retour, tout humain est nécessairement une personne, ce qui est un autre aspect des frontières « externes » du concept de personne.

Il y a évidemment un sens de cette question qui peut être aisément écarté. Le concept de personne n'est pas un concept normatif : un être n'est pas une personne s'il *mérite* ce qualificatif. Le concept de personne est un concept descriptif : un être est une personne s'il pense et vit égologiquement, de sorte que tout ce qui pense et vit égologiquement est également une personne. En outre, si l'on peut distinguer des degrés dans la « personnalité », c'est au sens où nous pouvons imaginer qu'un être puisse rester une personne quoiqu'il ne soit pas capable de certaines des performances que *nous* accomplissons, par exemple former des pensées de soi « permanentes » ou être capable d'intentions. Il est donc clair que tous les êtres humains, passé un certain degré de développement, sont des personnes au même titre, dès lors que tous vivent d'une vie égologique. On pourrait même dire que c'est parce qu'ils sont également des personnes qu'il est possible de juger leur vie et, éventuellement, d'établir des hiérarchies morales entre elles.

Si la connexion entre humanité et personnalité ne va toutefois pas de soi, c'est parce qu'un être humain ne *devient* une personne qu'à un certain degré de son développement et qu'il peut également cesser d'être une personne, tout en restant un être humain vivant. Un être humain ne devient une personne qu'à partir du moment où, comme le dit Kant, « il possède le "je" dans sa pensée »[1], ce qui ne saurait survenir avant sa deuxième année de vie. D'autre part, il ne semble pouvoir rester une personne que dans la mesure où certaines fonctions de son cerveau ne sont pas irrémédiablement détruites, ce qui est le cas des êtres humains en coma dit « dépassé ». Nous allons considérer le premier de ces deux cas, celui des embryons et des nouveaux-nés.

Une conséquence directe de la conception de la personne que nous avons développée est qu'une hypostase humaine n'est une personne qu'à partir du moment où elle devient *effectivement* une personne. Il y a certes une maturation de la personne, un élargissement progressif de son Moi. En outre, on peut penser qu'avant d'être la personne que nous sommes, nous fûmes quelque temps une proto-personne sans identité, dès lors que la capacité à penser en première personne doit inévitablement s'acquérir par degrés. Mais il y a une borne en deçà de laquelle les capacités cognitives d'un être humain ne lui permettent pas de penser à soi, même s'il peut recueillir des informations sur son environnement autant que sur soi. Cela veut donc dire que l'embryon aussi bien que le nouveau-né ne sont pas des personnes. C'est là un fait qu'on ne pourrait rejeter qu'en identifiant la personne à l'être humain, ce que nous avons vu qu'on ne pouvait faire sans inconséquence.

La difficulté est que lorsqu'on affirme aussi nettement que nous le faisons qu'un embryon ou un nouveau-né ne sont pas des personnes, on devrait logiquement être amené à considérer un embryon ou un nouveau-né comme des hypostases de même statut que les animaux, puisqu'il y a au moins une différence moralement pertinente à faire entre une créature non consciente et une créature consciente, mais non consciente de

---

1. Kant, *Anthropologie*, AK VII, 127, trad. A. Renaut, Paris, GF-Flammarion, p. 51 ; voir aussi trad. M. Foucault, Paris, Vrin, 1994, p. 17.

soi[1]. Or cette conséquence ne résiste pas à l'examen puisqu'il
y a en même temps une différence fondamentale entre un
animal et un embryon ou un bébé. Au lieu qu'une libellule ne
deviendra jamais une personne, un embryon ou un bébé
deviendront des personnes, si on n'interrompt pas leur vie.

On est donc fatalement tenté d'essayer de capturer cette
différence entre les embryons et les libellules : il semble difficile de classer dans la même rubrique ce qui *sera* une personne
et ce qui n'en sera jamais une. Faut-il pour autant capturer cette
différence en élargissant la métaphysique de la personne ?
C'est ce que l'on fait lorsqu'on introduit la catégorie intermé-
diaire de «personne potentielle». Il y aurait dans le monde,
à coté des personnes, des éventuelles proto-personnes et autres
exo-personnes, des personnes potentielles. Nous aurions donc
à l'égard des personnes potentielles les mêmes obligations
qu'à l'égard des personnes, ce qui entraîne que l'avortement et
l'infanticide des nouveaux-nés seraient, dans tous les cas,
moralement illicites. Toutefois, ce concept de personne potentielle ne peut que laisser perplexe un métaphysicien scrupuleux. Car il est manifeste que la liste précédente contient une
erreur catégoriale. Quelqu'un qui classerait les statues que
renferme le monde ne pourrait pas faire entrer dans sa liste les
blocs de marbre conservés dans l'atelier des sculpteurs, sous
prétexte que ce sont des «statues potentielles». En outre,
même si une liste des architectes que contient le monde à un
instant *t* devrait contenir aussi bien les architectes en train de

---

1. C'est ce raisonnement qui conduit Peter Singer à tenir l'avortement et
même l'infanticide, mais dans certaines circonstances très restrictives, pour des
actes licites, assimilables aux actes tout aussi licites que nous accomplissons,
dans certains cas, au détriment de la vie des animaux. On ne doit pas faire
souffrir un être sensible, selon Singer, mais il est permis de le tuer si on lui
épargne une vie de souffrance ou qu'on le remplace par un être sensible du
même type et au moins aussi «heureux» que lui. Cf. les chapitres 5 et 6 de son
ouvrage précité.

travailler que les architectes en train de dormir, une « personne potentielle » n'est pas analogue à un architecte qui dort puisque, dans ce dernier cas, c'est l'acte qui permet de prêter une puissance à un être et la précède donc ontologiquement[1].

Faut-il alors choisir entre l'introduction d'une catégorie aussi délicate que celle de personne potentielle et l'assimilation du statut des embryons voire des bébés humains à celui des animaux ? Ne peut-on, sans tomber dans une métaphysique douteuse, capturer la différence qui sépare manifestement un embryon humain d'une libellule ou d'un chat ? Nous voudrions suggérer une solution, fondée sur la dualité du point de vue de la première et de la troisième personne. Nous pouvons dire que les personnes n'existent vraiment, au sens ontologique du mot « exister », qu'en première personne. Pour cette raison, un embryon et même un bébé humain ne sont pas des personnes. Mais toute personne a aussi une existence du point de vue des autres. Or, du point de vue des autres, la personne se manifeste au travers de son hypostase, au point parfois, comme le dit Pascal, que ce qu'on aime dans une personne, c'est son hypostase. Ne peut-on dès lors considérer le statut particulier que nous accordons aux bébés et aux embryons comme étant, à strictement parler, un *statut* : nous anticiperions la personne qu'ils vont devenir et traiterions leur hypostase *comme si* elle était une partie de la personne à venir.

---

1. Ajoutons que, comme le dit Peter Singer, même si on introduisait ce concept de personne potentielle, on ne pourrait en tirer les conséquences morales qu'on souhaite en tirer : « Aucune règle ne dit qu'un X potentiel a la même valeur qu'un X ou qu'il a tous les droits d'un X. De nombreux exemples montrent le contraire. Arracher un gland qui bourgeonne n'est pas la même chose qu'abattre un chêne vénérable. Plonger un poulet vivant dans une marmite d'eau bouillante est bien pire que de faire pareil avec un œuf. Le prince Charles est potentiellement roi d'Angleterre mais, pour le moment, il n'a pas les droits d'un roi » (*op. cit.*, p. 152).

Ils ne *seraient* pas des personnes, mais nous les verrions *comme* des commencements de personne.

Il est vrai que, d'un certain point de vue, cette notion de « commencement de personne » ou de « prémice de personne » n'a pas de sens, dès lors qu'elle désigne des événements antérieurs à l'apparition de la « conscience de soi ». Voir un embryon comme un commencement de personne est une erreur du point de vue de l'ontologie de la personne, de son existence en première personne. Mais, il est également vrai que, par exemple, les émotions ou les expériences du bébé voire de l'embryon aussi bien que son histoire objective pourront trouver leur place, fût-elle inconsciente, dans le Moi de la personne qu'il deviendra. Nous avons existé avant que de naître comme personne. Cette préexistence de notre hypostase fut une préhistoire de notre personne. Que tout ceci soit donc intégré de manière anticipée à notre personne par les autres n'est donc pas totalement une « erreur ». C'est à leurs soins que nous devons d'exister et à leur témoignage que nous devons une part de notre propre Moi de sorte que nous ne serions pas la personne que nous sommes sans ces « erreurs » en troisième personne.

Il est donc possible, croyons-nous, de capturer la différence entre les embryons et les libellules ou les chats sans ajouter à la métaphysique de la personne quelque catégorie douteuse. Il suffit de reconnaître qu'une personne existe aussi en troisième personne et que nous ne serions pas les personnes que nous sommes, les Moi que nous sommes, sans ce point de vue des autres sur nous-mêmes. Ce point de vue ne transforme pas ontologiquement les êtres qu'il concerne : il n'introduit pas un « je » dans ce qui n'en est pas capable. En soi les embryons ne sont pas des personnes. Mais *pour nous* ils sont des prémices de personnes et la seule chose qui compte, d'un point de vue moral, c'est la manière dont *nous* les voyons, puisque c'est nous qui pouvons interrompre leur vie. C'est donc à notre sens uniquement ce rapport que nous avons aux embryons et aux bébés qui les met à part du règne animal : il s'agit d'un statut moral que nous leur accordons et non d'un fait ontologique. Ce n'est pas que nous *devrions*, au sens moral du terme, les voir comme cela, mais c'est que nous les voyons comme cela, que nous avons tendance à le faire. Et cette tendance est explicable et même justifiable. Il y a des causes psychologiques qui expliquent que nous leur accordions ce statut. Ces causes tiennent au fait que nous voyons la personne dans son hypostase et que nous avons donc tendance à l'y anticiper.

Un embryon humain possède donc ce *statut* de commencement de personne tant qu'il est vu comme tel par ceux qui l'ont conçu. Réaliser un avortement n'est donc pas ôter la vie à une personne, mais parvenir à étouffer notre tendance à anticiper la personne dans son hypostase. C'est une lutte contre soi plus qu'une violence faite à l'être qui en est la victime.

Conclusion : ce que les personnes nous imposent

Ces considérations sur l'avortement sont certes lapidaires, et nous voudrions presque nous en excuser, mais elles nous permettent d'illustrer, pour achever notre exploration du concept de personne, ce qui est l'un des enjeux principaux d'une fixation du sens de ce concept : déterminer l'extension ou le domaine de définition de nos devoirs moraux. Comme nous l'avons souligné à plusieurs reprises, si nous attachons une importance particulière à des questions comme : « Tel ou tel être est-il une personne ? » ou « Cette personne est-elle la même aujourd'hui qu'il y a vingt ans ? », c'est que ce concept de personne emporte avec lui, au contraire de concepts comme ceux d'être vivant ou d'être humain, des notions aussi centrales en morale que celles d'obligation et de droit. Dire d'un être qu'il est une personne, c'est dire qu'il s'agit d'un être capable d'actions intentionnelles, capable de se donner des fins. Cela implique donc, analytiquement, d'une part qu'il y a un sens à exiger de lui qu'il ne se donne pas certaines fins et à le blâmer ou le punir du fait qu'il se les ait données. Le concept de personne implique la possibilité d'une soumission à des normes et d'une responsabilité vis-à-vis de ses actes. D'autre part, si une personne est un être qui a ses fins propres, l'existence de ses fins vient *interpeller* les nôtres : puis-je faire prévaloir mes fins sur les siennes ? Dois-je faire miennes ses propres fins ? Le concept de personne emporte donc également avec lui des notions comme celles de droit, d'intérêt légitime, de respect, etc. Déterminer si un être est ou n'est pas une personne, c'est donc déterminer si cet être est ou non un sujet de droits et d'obligations. Déterminer s'il est la même personne à divers moments du temps, c'est déterminer l'étendue temporelle de sa responsabilité morale et pénale.

Toutefois il importe de souligner qu'il ne suit nullement du concept de personne que nous n'avons d'obligations morales que vis-à-vis des personnes. C'est ce que nous croirons seulement si, comme Kant, nous concevons la morale comme l'ensemble des normes de conduite qui s'imposent à nous du fait qu'il existe dans le monde des personnes et que nous sommes nous-mêmes des personnes[1]. Une telle conception de

---

1. C'est ce qui ressort de la seconde et célèbre formulation de l'impératif catégorique de la moralité : « Agis de façon telle que tu traites l'humanité, aussi bien dans ta personne que dans la personne de tout autre, toujours en même temps comme fin, jamais simplement comme moyen », *Fondation de la métaphysique des mœurs*, AK IV 429, trad. A. Renaut, Paris, GF-Flammarion, 1994, p. 108. Si Kant avait eu l'idée que nous puissions interagir avec d'autres sortes de personnes que les personnes humaines, cette formulation aurait été différente : la notion d'humanité n'y aurait pas figuré. Mais, à ses yeux, les animaux ne sont pas des personnes et nous n'interagissons pas avec Dieu.

la morale implique en effet que la seule distinction onto-logique qui soit moralement pertinente est la distinction des personnes et des choses. En revanche, si, comme le courant utilitariste y invite, on conçoit la morale comme l'ensemble des normes de conduite qui s'imposent à nous du fait qu'il existe dans le monde des êtres sensibles à la polarité du plaisir et de la douleur, alors il n'y aucune raison que nos devoirs ne concernent que les personnes. Ils concerneront aussi les êtres sensibles, comme les animaux ou les bébés. Toutefois, même dans ce cas, les personnes feront l'objet d'obligations spé-ciales puisqu'elles ne sont pas seulement sensibles au plaisir et à la douleur, mais qu'elles ont aussi des préférences dont la satisfaction ou l'insatisfaction sont génératrices de plaisir ou de déplaisir, de bien-être ou de misère. Autrement dit, nous avons seulement l'obligation de ne pas causer de douleur à un animal, au lieu que nous avons aussi l'obligation de tenir compte des préférences d'une personne, ce qui élargit évidem-ment la gamme de nos obligations.

Si l'on admet donc que la distinction entre personnes et non-personnes n'est pas la seule distinction moralement perti-nente, *quoiqu'elle soit* une distinction moralement pertinente, il s'ensuit que le concept de droit, qui doit être réservé aux personnes, n'est pas le seul concept dont une théorie morale ait besoin. Une créature a des droits s'il y a certaines choses que nous ne pouvons l'empêcher de faire. Ce sont ces « choses » qui constituent ses droits. Or, il n'y a pas certaines choses que nous ne pouvons empêcher les animaux de faire, parce qu'il n'y rien qu'ils n'aient l'intention de faire. Il y a seulement certaines choses que *nous* ne devons pas leur faire. Nous avons donc des devoirs à leur égard, mais ils n'ont pas de droits. Toutefois, lorsqu'on a dit que les êtres sensibles n'ont pas de droits, on est en même temps obligé de reconnaître que notre vocabulaire juridique est déficient. Car même si, au sens strict, les êtres sensibles n'ont pas de droits, ils doivent avoir un statut juridique dès lors que la loi peut les protéger et imposer aux personnes certains devoirs à leur égard. De même que ce sont les droits d'une personne qui nous imposent certains devoirs corrélatifs, il doit y avoir un pendant des droits dans les créatures sensibles. Nous pourrions proposer le concept de *vulnérabilité*. Si un être a des droits, nous avons le devoir de les respecter. Si un être est vulnérable, nous avons le devoir de ne pas le blesser. Nous pourrions dire qu'à coté des *sujets de droits,* qui nous imposent moralement et juridiquement le *respect*, il existe, d'un point de vue moral et juridique, des *sujets vulnérables* qui nous imposent la *protection* de leur vulnérabilité (embryons, animaux, humains privés de leur personnalité).

Si le concept de personne ne suffit donc pas à délimiter le domaine de définition de la morale et du droit, il nous faut également ajouter que ce concept ne suffit pas non plus à déterminer ce que sont les droits des personnes aussi bien que les devoirs juridiques et moraux que nous avons à leur égard. Le concept de personne nous permet d'*expliquer* pourquoi nous pouvons avoir des devoirs spéciaux vis-à-vis d'une créature. Si cette créature est une personne, alors du fait qu'elle est une personne, elle a ses fins propres et l'existence de ses fins vient, comme nous l'avons dit, *interpeller* les nôtres : puis-je faire prévaloir mes fins sur les siennes ? Le concept de personne ne donne cependant aucune réponse à cette question. Il est en particulier parfaitement compatible avec le fait que toutes les fins ne sont pas moralement équivalentes, de sorte que les fins de l'un pourraient prévaloir sur celles de l'autre. La seule chose qui soit analytiquement exclue, c'est que l'on puisse introduire une hiérarchie, non pas entre les fins, mais entre les personnes elles-mêmes, quelles que soient leurs fins. Le concept de personne, lorsqu'il s'introduit dans la morale et dans le droit, efface les distinctions « hypostatiques » entre hommes et femmes, Grecs et Barbares, etc. Comme nous l'avons dit, le concept de personne, du moins lorsqu'il est appliqué à des êtres humains, n'est pas susceptible de degrés. Le concept de personne porte donc avec lui une certaine idée d'égalité, mais c'est une idée faible d'égalité : c'est l'idée d'une *égale considération* des fins des personnes, mais, en aucune façon, l'idée d'une *égale valeur* de toutes ces fins. Le concept de personne, si on l'admet comme pertinent en morale, nous oblige à prendre en compte toutes les fins, à n'en mépriser *a priori* aucune. Mais il ne préjuge pas du résultat de cette « considération ». Une éthique sociale perfectionniste, qui accorderait plus de poids dans la société à certaines personnes du fait de la valeur qu'elle attribuerait à leurs fins serait compatible avec l'exigence d'égale considération des personnes. La morale ne se déduit donc pas de l'ontologie et, en particulier, le concept de personne est compatible avec des systèmes de morale aussi dissemblables que le perfectionnisme, le kantisme ou l'utilitarisme.

Concluons donc, sur ce point, que si la question : « Quels êtres sont des personnes ? » a une incidence directe sur le droit et la morale, puisque les personnes font nécessairement l'objet d'obligations spéciales, elle ne saurait, à elle seule, ni permettre de délimiter le champ de la morale, ni, surtout, envelopper une morale déterminée. Une option morale exclusive en faveur des seules personnes ne va nullement de soi et une reconnaissance de la pertinence morale du concept de personne ne nous engage qu'à un égalitarisme faible.

Si l'on veut toutefois comprendre l'importance de la théorie de la personne pour la morale et pour le droit, il nous semble toutefois qu'il ne faut pas se focaliser sur le seul problème de la détermination des frontières externes du concept de personne, autrement dit sur la réponse à la question : « Quels êtres sont des personnes ? ». La question principale qui nous a retenus jusqu'ici, celle des frontières *internes* du concept de personne, a également une incidence sur certaines questions centrales dans *toute* théorie morale ou juridique.

C'est à quoi nous allons consacrer la seconde partie de cet essai. En partant de deux textes classiques, l'un de John Locke, l'autre de Henry Sidgwick, nous allons montrer quelle incidence une conception « cognitionniste » de la personne peut avoir sur deux problèmes centraux dans toute théorie morale et juridique, celui de la responsabilité morale et pénale et celui, plus général, de la rationalité de la conduite morale.

TEXTES ET COMMENTAIRES

TEXTE 1

John Locke
Essai sur l'entendement humain
Livre II, chap. XXVII, § 25-26[1]

§ 25

[…] Tout être intelligent sensible au bonheur et au malheur doit reconnaître qu'il y a quelque chose qui est lui-même [*himself*], qui l'intéresse et qu'il voudrait voir heureux; que ce Moi [*Self*] a existé de façon continue plus d'un instant, et qu'il peut donc exister encore des mois et des années, comme il l'a fait, sans qu'aucune limite assurée ne puisse être mise à cette durée; et peut-être le même Moi [*Self*] existera grâce à la même conscience maintenue à l'avenir. Par cette conscience, il se découvre lui-même le même Moi [*Self*] que celui qui a fait, il y a quelques années, telle action qui le rend aujourd'hui heureux (ou malheureux).

1. Nous reprenons la traduction de Jean-Michel Vienne, Paris, Vrin, 2001, p. 538-540, sauf pour la traduction des mots indiqués entre crochets. Cf. *infra* la note 1, p. 92, pour une justification de la traduction de *Self* par *Moi*.

Dans toute cette présentation du Moi [*Self*], ce n'est point l'identité numérique de la substance que l'on considère comme la cause du même Moi [*Self*], mais la même conscience continuée, qui a pu unir plusieurs substances puis les quitter à nouveau. Tant qu'elles restaient en union vitale avec ce qui était alors le siège de cette conscience, ces substances faisaient partie du même Moi [*Self*]. [...]

§ 26

Personne est, à mon sens, le nom que l'on donne à ce Moi [*Self*]. Dès qu'un homme découvre ce qu'il appelle lui-même [*himself*], je pense qu'un autre peut dire que c'est la même personne. Ce terme est un terme judiciaire assignant des actions et leur mérite ; il n'appartient donc qu'à des êtres intelligents, capables de loi, de bonheur et de malheur. Cette personnalité s'étend à ce qui est passé, au delà de ce qui existe actuellement, grâce à la conscience seule : la personnalité par elle devient concernée et responsable, elle reconnaît et s'impute à elle-même des actions passées, exactement d'après le même principe et pour la même raison que les actions présentes. Tout ceci est fondé sur l'intérêt pour le bonheur, nécessairement lié à la conscience, puisque ce qui est conscient du plaisir et de la douleur désire que ce Moi [*Self*] qui est conscient soit heureux. Et donc toute action qu'il ne peut accorder ou approprier à ce Moi [*Self*] actuel par la conscience, ne peut pas plus l'intéresser que si elle n'avait jamais existé ; recevoir un plaisir ou une douleur, c'est-à-dire une récompense ou un châtiment, pour une telle action, revient à devenir heureux ou malheureux au premier jour, sans l'avoir aucunement mérité.

Supposez en effet qu'un homme soit aujourd'hui puni pour ce qu'il a fait dans une autre vie, dont il a pu perdre toute conscience : quelle différence y a-t-il entre cette punition et le fait d'être créé malheureux ? C'est en ce sens que l'apôtre nous dit qu'au Dernier Jour, quand chacun « recevra selon ses actes, alors les secrets de [tous les] cœurs seront manifestés ». La sentence sera justifiée par la conscience qu'aura chaque personne, quel que soit le corps où elle apparaît, quelle que soit aussi la substance où cette conscience s'insère, qu'*elle-même* demeure *celle* qui a commis ces actions et mérite ainsi cette punition.

TEXTE 2

HENRY SIDGWICK
The Methods of Ethics
Livre IV, chap. II [1]

[Lorsque] nous avons discuté la méthode de l'hédonisme égoïste, nous n'en avons pas profité pour examiner la preuve de son premier principe ; et dans le cas de l'hédonisme universel également, ce qui nous concerne au premier chef n'est pas comment ce principe peut être prouvé à ceux qui ne l'acceptent pas, mais quelles conséquences sont logiquement impliquées par son acceptation. En même temps, il est important d'observer que le principe qui commande de viser le bonheur universel est plus généralement ressenti comme requérant une preuve, ou, au moins, (comme le dit Mill) quelque « considération déterminant l'esprit à l'accepter », que le principe qui commande de viser son propre bonheur. Toutefois, du point de vue de la philosophie abstraite, je ne vois pas pourquoi le principe de l'égoïsme, au rebours du principe universaliste, ne pourrait pas être mis au défi. Je ne vois pas pourquoi l'axiome

1. Henry Sidgwick, *The Methods of Ethics*, New York, Macmillan, 1907 ; réimpr. Indianapolis, Hackett Publishing Company, 1981, p. 418-419.

de la prudence ne pourrait pas être remis en question, lorsqu'il s'oppose à nos inclinations présentes, de la même manière que l'égoïsme peut s'opposer à la bienveillance rationnelle. Si un utilitariste doit répondre à la question : « Pourquoi devrais-je sacrifier mon propre bonheur pour le plus grand bonheur d'un autre ? », il doit sûrement être admissible de demander à l'égoïste : « Pourquoi devrais-je sacrifier un plaisir présent pour un plus grand plaisir dans le futur ? Pourquoi devrais-je me soucier de mes propres sensations futures plus que des sensations de n'importe qui d'autre ? ». Il semble sans aucun doute paradoxal aux yeux du sens commun que l'on puisse demander pour quelle raison chacun devrait se soucier de son propre bonheur sur le long terme ; mais je ne vois pas comment cette exigence peut paraître absurde aux yeux de ceux qui adoptent les vues des psychologues de l'école empiriste la plus extrémiste, dès lors que ces vues sont communément considérées comme ayant une étroite affinité avec l'hédonisme égoïste. Si l'on admet que l'*ego* est un simple système cohérent de phénomènes, que le « Je » permanent et identique n'est pas un fait, mais une fiction, comme Hume et ses successeurs l'affirment, pourquoi, alors, une partie de cet ensemble de sentiments en quoi l'*ego* se résout devrait-il être concerné par une autre partie de la même série, plutôt que par n'importe quelle autre série ?

COMMENTAIRES

Dans la première partie de cet essai, nous avons essayé de mettre en évidence qu'une personne était moins une substance qu'une performance. Néanmoins, parce que cette performance a pour théâtre naturel une substance, cette performance possède une dimension temporelle. D'un coté, nous gardons psychologiquement le souvenir et moralement la responsabilité des actes que nous avons accomplis dans le passé. D'un autre coté, nous nous soucions de notre bien-être à venir ou nous inquiétons de ce qui nous attend. Ces deux attitudes présupposent l'une et l'autre, non seulement la conscience du temps, mais aussi la conscience égologique de soi : nous pensons non seulement au passé, mais à *notre* action passée ; de même, nous ne nous contentons pas de nous représenter des événements à venir : nous pensons à *notre* avenir, à ce qui *nous* arrivera. Assumer son passé, s'inquiéter de son avenir sont donc deux attitudes propres aux personnes dont chacun peut voir qu'elles jouent un rôle central dans la manière dont les personnes se conduisent. D'un coté nos engagements ou nos actions passées nous lient, vis-à-vis des autres (engagements, contrats, responsabilité pénale), mais aussi de nous-mêmes (sentiment d'obligation, remords). D'un autre coté, le souci de notre avenir nous porte à faire montre de *prudence* dans nos actions et à veiller, aujourd'hui, à notre bien-être futur.

Ces deux attitudes peuvent toutefois être influencées par la conception de la personne que l'on adopte. Comme les deux textes précédents vont nous permettre de le voir, l'abandon d'une conception ontologique de la personne au profit d'une conception cognitionniste a un impact direct sur l'*étendue* de notre responsabilité vis-à-vis du passé aussi bien que sur la *rationalité* de notre souci de l'avenir.

JOHN LOCKE :
RESPONSABILITÉ PÉNALE ET IDENTITÉ PERSONNELLE

Locke est le premier philosophe à avoir exposé une théorie « cognitionniste » de la personne. Nous pouvons avancer l'hypothèse, peu audacieuse, que la formulation de cette théorie a été rendue possible, et peut-être même nécessaire, par la philosophie cartésienne. Schématiquement, les choses se passent en effet ainsi. Les auteurs antérieurs à Descartes conçoivent la personne du seul point de vue de la troisième personne. Une personne est, à leurs yeux, un composé âme/corps dont l'âme est dotée de facultés ou pouvoirs spécifiques, spécialement l'entendement et la volonté. Aucun auteur n'insiste, comme nous l'avons fait, sur le mode spécifique d'individuation des personnes, de sorte que l'individualité d'une personne est conçue comme une individualité hypostatique : ce qui fait *cette* personne, c'est qu'elle est composée de *ce* corps et de *cette* âme. Si le concept de personne possède cependant certaines particularités aux yeux de ces auteurs, celles-ci sont dues au rôle que ce concept joue dans la théologie trinitaire et la Christologie. Par contraste avec cette tradition, Descartes découvre le point de vue de la première personne. Non pas bien sûr que Descartes soit le premier à voir le monde du point de vue de la première personne. Mais il met en lumière la réalité ontologique et les implications épistémologiques du point de vue de la première personne. Il aperçoit, en particulier, la différence entre le concept que l'on peut se faire de soi-même en première personne et le concept d'*homme*. Toutefois, outre que Descartes ne fait pas usage du concept de personne, il pense sa découverte au moyen de catégories faites pour l'appréhension du monde en troisième personne. Lorsque Descartes s'efforce de formuler la conception que l'on a de soi lorsqu'on adopte le point de vue de la première personne, il ne trouve rien d'autre à dire que : « chose pensante », « substance pensante » ou « âme ». Il est vrai que ce n'est pas ce que dirait un observateur extérieur : car celui-ci mentionnerait également le corps et serait donc amené à introduire le concept d'homme. C'est donc l'adoption du point de vue de la première personne qui permet à Descartes de restreindre ainsi le concept de la sorte de chose que l'on est à la seule « substance pensante ». Mais il n'en reste pas moins qu'il y a un hiatus entre les données égologiques et ces notions de chose, de substance ou d'âme : il est évidemment faux que nous nous apercevions nous-mêmes comme une chose, une substance, une âme [1].

On peut donc avancer que Locke a simplement cherché à débarrasser la découverte cartésienne de ces vestiges inappropriés de point de vue de la troisième personne [2]. D'après Locke, ce qui fait qu'un être est une personne, c'est qu'il a conscience de lui-même. En outre, ce que cet être est pour lui-même ou à ses propres yeux, c'est tout ce qu'il pense qu'il

1. Ce que Descartes reconnaît d'ailleurs lui-même, lorsqu'il répond à Hobbes que « nous ne connaissons pas la substance immédiatement par elle-même, mais seulement parce qu'elle est sujet de quelques actes » (AT, VII, p. 176 ; IX, p. 136).

2. Il est évident que ce ne sont pas les motifs principaux de Locke. Ceux-ci sont d'ordre théologique, comme le suggère notamment notre texte qui contient une allusion directe au dogme du péché originel.

est, ce que Locke appelle *Self* et que nous rendons par *Moi*, conformément à une suggestion de Pierre Coste, son premier traducteur français[1]. Le *Self* ou *Moi* est donc ce que chacun est pour lui-même, ce dont le contenu permettrait de répondre à la question : «Qui es-tu?». La description correcte d'une personne est donc qu'une personne est la conscience d'un Moi.

Locke en tire comme conséquence que si une personne est la conscience d'un Moi, cette conscience pourrait parfaitement se trouver supportée dans l'être par des substances différentes, sans que cela ne porte atteinte à son identité de personne. La conscience d'un Moi est nécessairement unie à quelque substance, elle est une entité ontologiquement dépendante. Mais la substance qui supporte dans l'être cette conscience ne joue aucun rôle dans ce qui fait que cette personne est la personne qu'elle est. Ce qui fait qu'une personne est la personne qu'elle est, c'est le Moi dont elle est consciente, de sorte que tant que nous avons affaire à la conscience du même Moi, nous avons affaire à la même personne.

Toute la difficulté, pour le lecteur, est que Locke ne parle pas de «conscience du même Moi», mais de «même conscience». Locke affirme à plusieurs reprises que c'est «l'identité de conscience» qui fait l'identité de la personne et non «l'identité de substance». Or, l'expression «identité de conscience» est équivoque. Supposons un monde dans lequel il n'y aurait que deux cerveaux (ou deux âmes) et deux objets, la Lune et le Soleil, de telle sorte cependant que chaque cerveau ne puisse supporter dans l'être que la conscience d'un

---

1. « Le *Moi* de Mr Pascal m'autorise en quelque manière à me servir du mot *Soi, Soi-même* pour exprimer ce sentiment que chacun a en lui-même qu'il est le même » (*Essai philosophique concernant l'entendement humain,* rééd. Paris, Vrin, 1983, p. 264, note 1). À notre sens, comme le montre d'ailleurs les usages anglais du mot *Self*, il n'y a aucune raison de ne pas utiliser le «*Moi* de Mr Pascal » pour rendre *Self*.

seul objet. L'un des cerveaux donnerait ainsi existence à une conscience de Lune et l'autre à une conscience de Soleil. Imaginons maintenant qu'on puisse définir une personne comme une conscience de quelque chose et qu'on soutienne que chaque personne est individuée par l'objet dont elle est consciente. Dans notre monde, il y aurait donc deux personnes : Madame la Conscience de Lune et Monsieur la Conscience de Soleil. Si maintenant le cerveau qui supportait une conscience de Lune se mettait à supporter une conscience de Soleil, nous pourrions dire aussi bien que c'est à la même conscience que nous avons affaire, si l'on regardait l'acte de conscience en le rattachant à sa source causale ou son « siège vital », mais également à une autre conscience, si on regardait cette fois le contenu de la conscience. Or, selon la conception de Locke, nous devrions dire que c'est désormais Monsieur la Conscience du Soleil qui est présent dans le cerveau qui supportait dans l'être Madame la Conscience de Lune[1]. Par conséquent, dire que c'est l'identité de la conscience qui fait l'identité de la personne, c'est dire que c'est l'identité du *contenu* de la conscience qui fait l'identité de la personne. Il faut donc comprendre que ce qui fait la personne, c'est la conscience *d'un* Moi de sorte que nous avons affaire à la même conscience partout où nous avons affaire à la conscience du même Moi, et non à la même conscience d'un Moi.

---

1. Cf. l'exemple du savetier et du prince au § 15. Toutefois pour se représenter comment le prince pourrait exister dans le corps du savetier, Locke imagine qu'on y transporte « l'âme d'un prince, consciente de sa vie antérieure de prince », autrement dit à la fois la cause hypostatique immédiate de la conscience *et* le contenu déterminé de cette conscience. Reste que si l'âme du prince, en se glissant dans le corps du savetier, devenait consciente de la vie du savetier, nous aurions affaire à un savetier doté d'une âme de prince. Preuve que c'est la « conscience de sa vie antérieure de prince » qui fait la personne du prince et non son âme.

C'est la raison pour laquelle Locke a soutenu que le critère de l'identité personnelle était constitué par la mémoire de nos attributions égologiques passées. D'une part en effet, puisque l'identité de la personne n'est pas constituée par l'identité du corps et de l'âme qui la supportent dans l'être, nous ne pouvons arguer que nous avons affaire au même homme pour avancer que nous avons affaire à la même personne : deux personnes successives pourraient apparaître dans le même homme. D'autre part, l'identité de la personne doit être recherchée dans le contenu de sa conscience de soi, puisque, en dernière analyse, elle *est* ce qu'elle a conscience d'être. Elle *reste* donc la même personne au long du temps dans la mesure où *ce qu'*elle a conscience d'être se conserve au long du temps.

Cette interprétation est inévitable. Elle découle logiquement de la prémisse : « Je suis ce que j'ai conscience d'être ». Je reste donc le même si ce que j'ai conscience d'être se conserve au long du temps. Nous avons proposé une interprétation de cette idée, fondée sur la différence entre pensées de soi occurrentes et pensées de soi permanentes ou durables. Mais ce n'est pas l'interprétation de Locke. D'après Locke, ce que j'ai conscience d'être à un moment *t* se conserve au long du temps si je me souviens, dans les moments successifs ultérieurs, de ce que j'avais conscience d'être en *t*. Par exemple, si j'ai conscience d'écrire ces lignes aujourd'hui, je serai demain la même personne qui a écrit ces lignes aujourd'hui si je me rappelle, demain, que j'ai écrit ces lignes aujourd'hui.

Il y a, à notre sens, de bonnes et de mauvaises objections à ce critère. Une mauvaise objection consisterait à dire que c'est parce que je suis le même qui a écrit ces lignes hier que je me rappelle aujourd'hui que je les ai écrites[1]. C'est une mauvaise

---

1. C'est l'objection célèbre formulée par l'évêque Butler [1692-1752] dans un passage de son *Analogy of Religion* [1736] : « La conscience de l'identité personnelle présuppose et par conséquent ne peut pas constituer

objection, parce qu'elle revient à dire que la mémoire n'est utilisée comme critère de l'identité personnelle que parce que nous connaissons le mécanisme de la mémoire, à savoir que c'est parce que quelqu'un fait consciemment une chose qu'il peut se souvenir ensuite de l'avoir faite. Mais le but de Locke n'est pas du tout d'insister sur le fait que, grâce à la mémoire, nous pouvons avoir la garantie que c'est nous qui avons fait telle ou telle chose dans le passé. En effet, Locke imagine le cas de quelqu'un qui se rappellerait d'avoir été présent sur l'Arche de Noé[1] et il affirme que cette personne se considèrerait comme la même que celle qui a été présente sur l'Arche de Noé. Le problème n'est donc du tout de savoir si la mémoire est un indice fiable de ce que nous avons fait dans le passé, puisque la personne qui se rappelle d'avoir été sur l'Arche de Noé *n'était pas présente* sur l'Arche de Noé. En revanche, cette personne va croire (faussement) qu'elle était sur l'Arche de Noé et cela va faire partie de la personne qu'elle est présentement, de son Moi. Or, supposons qu'elle conserve désormais ce souvenir : dans toutes les époques ultérieures de sa vie, elle pense : « J'ai été sur l'Arche de Noé ». La préservation de ce souvenir donne donc une dimension de permanence au Moi de cette personne. Appelons « pensées égologiques mémorielles » des souvenirs en première personne. L'idée de Locke peut, nous semble-t-il, être présentée de la manière suivante : si une personne est la conscience d'un Moi, nous avons affaire à la même personne au long du temps si nous avons affaire à la conscience du même Moi. Or il y a au moins une classe de pensées égologiques que l'on conserve sous la même forme au long du temps : ce sont nos pensées égologiques mémorielles. C'est donc parce qu'une créature a

l'identité personnelle ». Ce texte est traduit et présenté par Stéphane Ferret in *L'identité*, Paris, GF-Flammarion, 1998, p. 171-180.

    1. Cf. § 16.

des pensées de cette sorte qu'elle possède une identité trans-temporelle. Si elle n'avait pas de mémoire, le contenu de sa conscience de soi serait à chaque instant différent, de sorte qu'il n'y aurait rien qui passerait de sa conscience passée à sa conscience présente et elle serait donc à chaque instant une personne nouvelle.

Le rôle que Locke confère à la mémoire n'a donc rien à voir, ni avec l'éventuelle fiabilité de la mémoire, ni avec son rôle de témoignage ou d'indice en faveur de notre existence dans le passé. Comme l'ont vu les philosophes contemporains qui ont cherché à développer la conception de Locke, la thèse de Locke est compatible avec l'existence de *quasi-souvenirs*, c'est-à-dire des souvenirs d'avoir fait quelque chose que cependant quelqu'un d'autre a fait et qui nous ont été trans-férés de quelque mystérieuse façon[1]. De même qu'une person-ne qui croit sincèrement qu'elle est Napoléon, mais ne l'est pas, *est* cette croyance, de même une personne qui se rappelle (sincèrement) d'avoir été sur l'Arche de Noé, mais n'y était pas, *est* cependant ce souvenir. La thèse de Locke n'a donc pas la circularité dénoncée par l'évêque Butler.

S'il y a cependant une objection à faire à la thèse de Locke, elle vise plutôt l'aptitude des pensées égologiques mémo-rielles à constituer le fondement de l'identité transtemporelle d'une personne. Rappelons que nous recherchons des pensées de soi dont la conservation au long du temps constituerait l'identité transtemporelle de la personne. Or, on peut objecter que la même pensée égologique mémorielle peut faire partie de deux personnes successives distinctes.

Nous avons essayé de faire voir, un peu plus haut, à quoi ressemblerait une situation de ce genre. Nous allons avancer

---

1. Sur le concept de quasi-souvenir, cf. Sydney Shoemaker, « Persons and their Past » [1970], in *Identity, Cause and Mind*, Cambridge, Cambridge University Press, 1984, p. 19-47.

maintenant un argument plus général. Comparons l'un à l'autre les jugements : « Cet homme était chez Catherine hier soir » et « J'étais chez Catherine hier soir ». Demandons-nous comment nous en venons à former le premier de ces deux jugements. La réponse est à peu près la suivante. Nous avons conservé la mémoire d'un certain homme rencontré chez Catherine hier soir. Nous percevons maintenant un certain homme. Nous le reconnaissons alors comme étant celui que nous avons rencontré chez Catherine hier soir. On parle, dans ce genre de situations, d'une *ré-identification*. Nous avons identifié une première fois un certain objet, c'est-à-dire que nous avons stocké certaines caractéristiques permettant de le distinguer de tout autre objet, de l'individuer. Puis nous reconnaissons l'objet préalablement identifié dans un certain objet présent. Si notre jugement de ré-identification est vrai, cela implique nécessairement que l'objet actuellement présent est le même que l'objet observé dans le passé, ce qui signifie donc que cet objet a traversé le temps.

Les choses se passent-elles de la même manière dans le cas du second jugement, que l'on considérera comme représentatif des jugements mémoriels égologiques ? Il est aisé de voir que non. Pour juger que j'étais chez Catherine hier soir, je n'ai pas besoin de juger que je suis celui qui était chez Catherine hier soir. Je n'ai pas conservé le souvenir de *quelqu'un* chez Catherine hier soir dont je reconnais qu'il est moi, mais j'ai seulement conservé le souvenir d'*être* chez Catherine hier soir et je réactive ce souvenir. La conséquence est la suivante. Quand on juge : « Cet homme était chez Catherine hier soir », on affirme que l'homme qui est devant nous est le même que celui qui était chez Catherine hier soir. Ce jugement est donc au fond, et malgré l'apparence grammaticale, un jugement d'identité, un jugement qui énonce l'identité transtemporelle d'un certain objet. En revanche, quand nous jugeons « J'étais chez Catherine hier soir », notre jugement n'est pas un jugement d'identité. Son sujet logique est la personne qui dit

« je », autrement dit la personne qui dit « je » *au présent* et c'est donc cette personne présente qui *se* transporte dans le passé. Plusieurs personnes distinctes pourraient donc s'emparer de se souvenir et se transporter chez Catherine un soir du passé, dès lors que ces personnes se succèderaient dans la même hypostase et hériteraient des souvenirs des précédentes. Nous pouvons conserver le souvenir de quelque chose que nous avons fait il y a longtemps, mais pouvons-nous dire avec assurance que, du fait que nous nous rappelons d'avoir fait cette chose il y a bien longtemps, nous sommes la même personne que celle qui a fait cette chose il y a bien longtemps ? Rien, dans le contenu de notre souvenir ne nous permet de nous en assurer. Il y a une élision du sujet d'un souvenir autobiographique, de sorte que nous ne pouvons donner à notre remémoration la forme d'une ré-identification. On pourrait certes être tenté d'affirmer que la présence en nous d'un tel souvenir autobiographique est l'*indice* que c'est nous qui avons fait ce que le souvenir nous représente. Mais, en réalité c'est seulement l'indice que notre hypostase était impliquée dans cette action. Il n'y aucune impossibilité à ce que ce soit une autre personne qui ait habité à cette époque notre hypostase, certains souvenirs de la vie lointaine de cette personne continuant d'hanter notre propre mémoire, parce qu'ils seraient conservés dans l'hypostase que nous partageons, par exemple sous forme de traces cérébrales. Et n'est-ce pas au fond ce qui se passe avec les souvenirs de notre lointaine enfance ? *Qui* étions-nous ? Il est donc impossible de faire jouer à la seule mémoire autobiographique le rôle de fondement de l'identité transtemporelle. C'est clairement une condition nécessaire de la permanence d'une même personne, mais ce n'est nullement une condition suffisante, une condition propre à garantir que la personne qui se souvient et celle que le souvenir implique sans la contenir sont la même.

Il n'en reste pas moins que même si l'on rejette l'idée de Locke selon laquelle la conservation des pensées égologiques mémorielles suffit à constituer l'identité transtemporelle d'une personne, le rôle de la mémoire est d'une importance capitale, comme Locke l'a bien vu, lorsqu'on examine le problème posé par la responsabilité que nous pouvons avoir pour ce que nous avons fait dans le passé. De manière plus générale, l'analyse des conditions de la responsabilité fournit un argument supplémentaire en faveur d'une conception « cognitionniste » de la personne.

Rappelons-nous d'abord le lien étroit qui unit la notion de personne et celle de responsabilité. Du fait qu'une personne est un être qui peut penser à soi, elle est aussi un être qui peut avoir des intentions. Or, ce sont les intentions d'une personne qui peuvent *répondre* de ses actes, au sens strict où ce sont nos intentions que l'on invoquera comme réponse à la question : « Pourquoi as-tu fait cela ? ». Dans le § 26 que nous avons reproduit ci-dessus, Locke ne parle pas d'intention mais d'intérêt. Il décrit une personne comme un être qui prend « intérêt » à des actions et qui, pour cette raison, se les « attribue » et, lorsqu'elles sont fautives, se les « impute ». Mais il est manifeste qu'être intéressé par une conduite signifie, dès lors que cette conduite est *notre* conduite, que nous déterminons cette conduite en fonction de notre « intérêt », autrement dit que nous adoptons cette conduite dans un certain but, avec une certaine intention. Un être responsable, c'est donc un être qui peut répondre en première personne de ses actes et cette réponse en première personne consiste dans l'énoncé de ses intentions ou « intérêts » : « J'ai voulu ou n'ai pas voulu faire ceci, j'ai cherché à obtenir cela » etc.

Distinguons maintenant responsabilité et causalité d'une part, action et événement d'autre part. Supposons qu'une personne dérobe un bijou dans une vitrine. Ce vol est, à un certain point de vue, un événement physique, que l'on peut décrire « du dehors ». Cet événement est également, à un autre point de vue, une action, du fait qu'il possède un sens pour son auteur, qu'il répond à une intention, à un dessein. Nous pouvons dire que la personne est responsable de son action, dès lors que son action est structurée, orientée, animée par son intention : pas d'intention, pas d'action. Mais nous pouvons dire aussi que le comportement physique de la personne est la cause de l'événement en quoi consiste, du dehors, son action. L'action accomplie et l'événement causé ne sont toutefois pas nécessairement identiques. Une personne peut accomplir l'action de remonter une corde pendant au fond d'un puit, tout en causant l'événement consistant dans la pendaison de celui qui, à l'insu de la personne, se l'était nouée autour du cou. Nous sommes responsables de nos actions, mais pas de tous les événements que nos actions nous amènent à causer.

Venons maintenant au détail du § 26 de l'*Essai*. Locke semble y faire apparaître quelle conséquence la conception de la personne qu'il a proposée peut avoir sur le problème de la justice pénale. Mais, en réalité, il montre, plus radicalement, que la conception commune de la justice pénale oblige à adopter sa propre conception « cognitionniste » de la personne. Sous-jacente à l'argument de Locke, il y a la thèse, effectivement difficile à contester, qu'il est injuste de punir une personne pour les fautes d'une autre. Locke imagine l'expérience de pensée suivante : une personne vit deux vies successives. Mais, comme dans la théorie platonicienne, lorsqu'elle commence sa seconde vie, elle oublie entièrement sa première vie. D'après Locke, chacun devrait admettre que, dans un cas de ce genre, il serait injuste de punir la personne dans sa seconde vie pour des fautes qu'elle aurait commises lors de sa première vie.

L'explication de ce jugement est, selon Locke, que l'on punit des personnes et que le concept même de « personne », ce « terme de barreau » comme traduit Pierre Coste, semble avoir été introduit pour rendre raison de cette pratique qu'est la punition. Punir, c'est en effet infliger une « peine », autrement dit une « douleur », un « malheur » à un être. Cela suppose donc que cet être soit « capable de bonheur et de malheur ». Mais cela ne suffit pas à faire de la « peine » qu'on lui inflige une punition. La misère qu'on inflige à un être n'est une punition que si, en outre, cet être est « capable de lois ». On lui inflige en effet cette « peine » *parce qu'*il a transgressé la loi. Une punition, c'est une « peine » infligée à un être en conséquence de sa désobéissance à une loi. Or la transgression ou la désobéissance supposent à leur tour la « responsabilité ». On punit un être en effet non en conséquence de l'événement dont il est la cause, mais en conséquence de l'action qu'il a accomplie, de l'« intérêt » qu'il a pris pour une conduite fautive. On punit un être parce qu'il a été intéressé à faire le contraire de ce que la loi lui commandait, parce qu'il n'a pas été intéressé par la loi. Or qu'est-ce qu'un être qui « prend intérêt à des actions », qui se les impute ou en devient responsable, sinon un être doté d'une conscience de soi ? On ne punit donc que les personnes et punir les personnes, c'est leur faire porter le poids ou la « peine » des actions fautives dont elles sont responsables.

Or, et tel est le nerf de l'argument de Locke, si la punition implique la responsabilité et si la responsabilité implique à son tour l'auto-imputation de l'action, il s'ensuit qu'on ne peut punir une personne pour les événements qu'elle ne *peut pas* ou qu'elle ne *peut plus* s'auto-imputer sous forme d'actions.

Le premier cas correspond à des situations bien connues, dont Locke ne parle pas dans le paragraphe précité. Au premier chef, l'aliénation mentale. D'après l'article 122-1 du Code pénal français : « N'est pas pénalement responsable la personne qui était atteinte, au moment des faits, d'un trouble psychique ou neuropsychique ayant aboli le discernement ou le contrôle de ses actes »[1]. Notons que ce qui choque le plus

---

1. L'article se poursuit ainsi : « La personne qui était atteinte, au moment des faits, d'un trouble psychique ou neuropsychique ayant altéré son discernement ou entravé le contrôle de ses actes demeure punissable ; toutefois, la juridiction tient compte de cette circonstance lorsqu'elle détermine la peine et

souvent dans cet article du Code pénal, c'est moins le principe, que sa réalité : on ne parvient pas à croire qu'un être humain puisse, pendant quelques instants, cesser d'être une personne pour devenir une sorte de conscience impersonnelle, non-consciente d'elle-même. Mais le simple fait que l'on accepte le principe suffit à prouver que la conception sous-jacente de la personne à laquelle on se réfère, est une conception « cogni-tionniste », puisqu'on admet qu'une hypostase humaine, s'il était possible qu'elle ne fût plus animée par une « conscience de soi », ne serait pas une personne.

L'autre grand type de situations excluant la responsabilité de la personne correspond aux événements involontairement générés par nos actions. On punit une personne pour ses actions et, par définition, une action est donc une conduite qui peut faire l'objet d'une auto-imputation. Mais nos actions peuvent causer des événements qui dépassent nos actions ou bien qui les parasitent. Il est donc possible que l'hypostase de la personne que nous sommes soit causalement impliquée dans la production de certains événements qui, s'ils étaient la face objective d'une action, rendraient la personne punissable, mais qui, parce qu'ils ne sont que des événements engendrés par nos actions, ne concernent pas la personne : elle n'en est pas responsable, ce qui fait qu'elle ne peut en être punie.

Ce que vise Locke dans le texte que nous commentons, ce ne sont pas cependant ces situations où la personne est comme trahie par son hypostase ou par la face événementielle de ses actions. Ce que vise Locke, ce sont des actions, dont une per-sonne est donc responsable, sauf que cette personne, ce n'est plus nous. Revenons d'abord à l'expérience de pensée ima-

---

en fixe le régime ». L'article 64 du précédent code pénal ne distinguait pas abolition et altération du discernement et ne laissait au juge d'autre choix que de prononcer l'irresponsabilité ou la pleine responsabilité du prévenu : « Il n'y a ni crime ni délit lorsque le prévenu était en état de démence au temps de l'action ».

ginée par Locke. Telle qu'elle est présentée, elle n'est pas satisfaisante. Il est en effet contradictoire d'affirmer, comme le fait Locke, qu'une personne est une conscience de soi et d'affirmer qu'une personne pourrait changer de conscience de soi, en renaissant dans une nouvelle vie. Si une personne est une conscience de soi, alors, s'il y a changement de conscience de soi, il y a changement de personne et, par conséquent, on ne peut dire que c'est la même personne qui mène une nouvelle vie personnelle. En outre, on peut conjecturer qu'une réincarnation implique un changement d'hypostase, de sorte que si l'on cherche à imaginer la situation décrite par Locke, ce qu'on obtient c'est une nouvelle personne dans un nouveau corps! Il est donc préférable, et à notre sens plus conforme à l'intention de Locke, d'imaginer une même hypostase successivement animée par deux personnes séparées l'une de l'autre par le passage du Léthé, autrement dit par une amnésie totale. Nous retrouvons donc notre Dr Jekyll et son successeur, Mr Hyde. Pour les besoins de la démonstration, inversons l'ordre d'apparition de nos deux compères et supposons que Mr Hyde fasse son œuvre maléfique avant d'être remplacé par le doux Dr Jekyll. Un crime a été commis. L'hypostase qui l'a *causé* a laissé des traces. Un habile inspecteur de police les déchiffre et vient sonner à la porte du doux Dr Jekyll. L'idée de Locke est alors la suivante : personne ne considèrerait comme justifié que l'on punisse le Dr Jekyll pour les forfaits de Mr Hyde. Car, dès lors qu'il aurait « perdu la conscience » des actions de Mr Hyde, dès lors qu'il ne « saurait accorder ou approprier par la conscience à [son] Moi actuel » les « actions passées » de Mr Hyde, si l'on punissait le Dr Jekyll « il n'y aurait aucune différence entre cette punition et le fait de [l'avoir créé] malheureux ».

On peut se demander comment il se fait que nous soyons effectivement enclins, face à une telle expérience de pensée, à juger que le Dr Jekyll ne doit pas être puni pour les crimes de

Mr Hyde, quoique ce soient les mains du Dr Jekyll qui les aient commis. La réponse doit à notre sens être recherchée, non dans quelque nébuleuse intuition partagée, mais dans le concept même de punition, tel que Locke l'a analysé. On ne punit pas des hypostases mais des personnes, en raison des *actions* qu'elles ont accomplies. Il s'ensuit qu'on doit punir la personne qui a accompli l'action, autrement dit celle qui est porteuse, en première personne, du sens de cette action et qui, pour cette raison la reconnaît pour sienne. Ce que Locke appelle « l'appropriation » de l'action au Moi est fondée sur la présence de cette intention ou du souvenir de cette intention[1]. Imaginons que des traces mnésiques de la vie de Mr Hyde subsistent dans l'esprit du Dr Jekyll. Il a notamment gardé le souvenir d'être en train d'étrangler une jeune femme. Il sera manifestement impossible au Dr Jekyll d'avouer à l'inspecteur : « *J'ai* étranglé la jeune femme ». Au mieux pourra-t-il avouer qu'il a le souvenir d'être en train d'étrangler une jeune femme, mais il devra aussitôt confesser qu'il ne comprend pas ce souvenir, qu'il ne sait de quoi il s'agit. Sa situation à l'égard de son souvenir sera identique à celle de quelqu'un à qui on montrerait une photographie et qui affirmerait : « Non, je ne sais pas de qui il s'agit ». Pour que le Dr Jekyll puisse, face à son souvenir, « savoir de quoi il s'agit » il lui faudrait précisément retrouver l'intention dans laquelle cette action a été accomplie, le sens qu'elle avait pour celui qui l'accomplissait. Mais, précisément, il ne retrouvera pas cette intention, parce que cette intention n'est pas et n'a jamais été *son* intention. Ce n'est donc pas lui qui a commis ce crime.

---

1. En réalité, les choses sont beaucoup plus compliquées. Nous ne nous souvenons pas d'une intention, comme on se souvient d'une scène du passé. Nous la re-formons dans notre esprit, nous revivons l'action, mais avec une distance réflexive qui nous permet en même temps de juger notre intention/action.

L'analyse de cette expérience de pensée montre donc que, de fait, lorsque nous réfléchissons aux conditions de la responsabilité pénale, nous nous appuyons sur une conception « cognitionniste » de la personne. Toute autre conception ôterait tout sens à la pratique de la punition ou en changerait radicalement le sens. Punir serait infliger de la « peine » à la *cause* d'un certain événement, mais, à ce compte, il nous faudrait aussi essayer de punir les tempêtes et les chiens enragés. Mais si nous admettons que ce sont les personnes que l'on punit, autrement dit si nous admettons que punir c'est infliger une peine à une personne en raison des actions fautives qu'elle a accomplies, alors le concept de personne que nous mobilisons dans ce contexte est basé sur une conception cognitionniste de la personne.

Or, si nous reconnaissons ce point, nous devons aussi en admettre les conséquences lorsque nous envisageons la responsabilité pénale des personnes *réelles* dans les situations *réelles* où elles se rendent punissables. Il arrive rarement que nous soyons en face de situations aussi tranchées que celle qui voit le Dr Jekyll succéder à Mr Hyde dans une même hypostase. Toutefois, nous avons vu qu'il existait une différence dans l'étendue temporelle des personnes selon que l'on adoptait le point de vue de la première personne ou celui d'un observateur extérieur. Ce que nous apprenons sur notre lointain passé, nous l'assumons sans doute comme étant une part de nous-mêmes, mais il est manifeste que cette appropriation de notre lointain passé à notre Moi présent n'a pas l'immédiateté qui caractérise l'appropriation de ce que nous avons fait hier ou il y a quelques jours. Le lien intentionnel peut s'être distendu, voire totalement brisé, de sorte que nous pouvons être, à l'égard de notre propre passé, comme le Dr Jekyll vis-à-vis de son souvenir d'une strangulation.

En lui-même ce fait psychologique n'a pas de conséquence directe sur le problème de la responsabilité pénale. Le plus souvent les personnes sont punies peu de temps après qu'elles aient commis les actions qu'on leur reproche d'avoir accomplies[1]. Mais ce fait prend une importance particulière lorsqu'on fait entrer en ligne de compte la nature des « peines » qui sont infligées aux personnes. Dans nos sociétés, la principale peine qui est appliquée aux personnes, c'est la privation de liberté. Or, pour satisfaire au principe de proportionnalité des peines, la durée de l'emprisonnement varie selon la gravité de la faute. Il existe donc de « longues peines » et, en principe, des privations « perpétuelles » de liberté.

Le texte de Locke donne, nous semble-t-il, un relief particulier à ces notions de « longue peine » ou de « détention à perpétuité ». Une personne est un agent responsable et il n'y a donc rien à redire au fait que nous imposions une peine à une personne du fait de sa conduite délictueuse ou criminelle. Mais les peines que nous avons imaginées, pour l'essentiel la privation plus ou moins longue de liberté, font que nous appliquons à une personne une peine qui s'étend dans la durée. Or si l'on admet que la personne se transforme au cours du temps, il arrive fatalement un moment où la personne qui subit la peine n'a plus qu'un rapport lointain avec la personne qui a accompli l'acte que l'on punit. Il est manifeste que si un homme de soixante ans subissait aujourd'hui une peine consécutive à ce qu'il aurait fait lorsqu'il avait seize ans, il aurait un sentiment analogue à celui que nous éprouverions si l'on nous faisait payer pour un autre. Il y aurait toutefois une différence notable : c'est que l'homme de soixante ans *saurait* que l'être humain qu'il est fut bien l'*acteur* de l'acte pour lequel on le punit. Il aurait, par exemple, conservé le souvenir de cet acte et il pourrait donc former la pensée : « J'ai fait cela il y a longtemps ». D'un côté, cette pensée égologique serait vraie et certaine. Mais, d'un autre côté, la personne qu'il est devenu

---

1. On voit néanmoins l'importance qu'il y a à ce que la justice pénale soit rendue dans un délai raisonnable après les faits.

pourrait-elle se sentir l'*auteur* de cet acte[1] ? Une personne peut croire, sur la base d'un témoignage digne de foi, que la prose de Cicéron contient de nombreuses synecdoques, quoiqu'elle ne comprenne pas ce que veut dire « synecdoque ». On parlera, dans ce cas, de quasi-croyance[2]. On pourrait dire que le savoir que nous avons à l'endroit de nos actes passés tend à devenir un « quasi-savoir » à mesure que le lien intentionnel avec l'auteur de l'acte que nous avons gardé en mémoire se distend jusqu'à disparaître.

Si l'on admet donc que l'on punit une personne et non une hypostase et que l'identité transtemporelle d'une personne dépend non seulement de la mémoire des actions passées, mais aussi d'un certain lien intentionnel avec les actes gardés en mémoire, alors on peut douter que l'on puisse porter, avec la même force ou le même sentiment de justice pendant la perpétuité d'une vie, le poids des fautes passées. Sans doute n'y a-t-il ici rien d'universel et l'on doit se garder d'affirmer qu'au delà d'une certaine durée une peine d'emprisonnement devient injuste : que l'on songe à Rousseau, portant jusqu'à ces derniers jours le poids du crime du ruban[3]. L'extension tempo-

---

1. Dans son *Leviathan* (chap. XVI, trad. F. Tricaud, Paris, Sirey, 1971, p. 161-163), Hobbes utilise cette distinction entre acteur et auteur pour définir la personne « fictive ou artificielle » qui « assure la représentation » d'une ou de plusieurs personnes naturelles : celles-ci doivent se considérer comme les auteurs des actes et des paroles dont la première est l'acteur. Il y a une curieuse analogie entre cette situation et celle de la responsabilité pénale à l'égard d'un passé lointain : celui qui est aujourd'hui puni doit se considérer comme l'auteur des actes de celui qui fut jugé coupable et qui occupait sa place dans son hypostase. Faut-il dire qu'à défaut d'un lien naturel et vivant, nous sommes liés par une sorte de contrat avec le coupable qui nous précéda et dont nous venons ?

2. Sur ce concept, cf. François Récanati, « The Simulation of Belief », dans Pascal Engel (éd.), *Believing and Accepting*, Dordrecht, Kluwer, 2000, p. 267-298.

3. J.-J. Rousseau, *Confessions*, livre II, dans *Œuvres complètes* I, « La Pléiade », Paris, Gallimard, 1959, p. 85.

relle des personnes vers le passé est aussi fonction de l'*effort* qu'elles font pour se conserver et rester en compagnie d'elles-mêmes. Mais on peut au moins admettre qu'en principe le concept de « longue peine » ne s'accorde que de manière problématique avec ce que nous *savons* ou devrions savoir de l'identité transtemporelle des personnes humaines, ce qui nous impose de veiller au moment où une personne commence à payer pour une autre.

HENRY SIDGWICK :
RATIONALITÉ PRATIQUE ET IDENTITÉ PERSONNELLE

Tournons-nous maintenant vers l'autre dimension temporelle de la vie des personnes, celle qui les porte à considérer leur propre avenir. D'après Locke la conscience qui constitue les personnes n'est pas simplement une faculté théorique : une personne n'est pas simplement un être qui a conscience de soi-même. C'est aussi un être qui se *soucie* de soi, qui s'*intéresse* à soi : « Tout être intelligent, sensible au bonheur et au malheur, doit reconnaître qu'il y a quelque chose qui est lui-même, qui l'intéresse et qu'il voudrait voir heureux ». Or ce souci de *notre* bien-être, que Locke juge constitutif du rapport que nous avons à nous-mêmes, ne se porte pas seulement sur notre présent. Puisqu'il est consubstantiel à la conscience que nous avons de nous-mêmes, il accompagne l'extension temporelle de cette conscience vers l'avenir[1]. Toutefois, il est manifeste qu'à strictement parler il ne peut y avoir d'extension temporelle de la conscience de soi vers l'avenir. La conscience de soi s'exerce au présent et s'étend vers le passé. Mais, par défi-

---

1. Il n'y a évidemment aucun sens à se soucier de notre bonheur dans le passé : serai-je heureux hier ?

nition, l'avenir n'est pas encore et il n'y a donc nul Moi à venir dont nous puissions être conscient. C'est la raison pour laquelle Locke fait une différence entre la conscience de la durée passée du Moi et la simple *possibilité* de son existence durant « des mois et des années [...], sans qu'aucune limite assurée ne puisse être mise à cette durée ». Il y a une dissymétrie entre le Moi présent et passé et le Moi à venir : le premier est donné, le second est seulement attendu. On ne peut donc pas parler de *conscience* du Moi que nous serons dans les mois et les années à venir, mais plutôt d'une *conviction*, installée au cœur de la conscience du Moi présent, que nous existerons dans les mois et les années à venir, une conviction qui est la composante doxastique du souci que nous avons de notre bien-être ou de notre misère à venir.

Cette dimension anticipative de la conscience de soi n'a évidemment pas lieu d'être contestée ou niée. Elle est une donnée psychologique qui est sans doute identique avec la conscience du temps. Tout ce que nous saisissons comme existant temporellement est appréhendé par nous comme *pouvant* exister dans l'avenir. Parce que nous avons existé dans le passé, nous sommes portés à penser que nous pouvons continuer d'exister dans l'avenir. Toutefois, si la dimension anticipative de la conscience de soi est un *fait* psychologique, on peut néanmoins interroger à la fois l'exact contenu de ce fait et, surtout, la valeur ou l'importance prise dans nos vies par ce souci de notre avenir, si on le compare à des motivations concurrentes.

Pour aborder ce problème, nous allons nous tourner maintenant vers le texte d'Henry Sidgwick que nous avons traduit ci-dessus. Ce texte est extrait d'un ouvrage consacré aux « méthodes de l'éthique ». D'après Sidgwick, l'éthique est « l'étude de ce que nous devons faire, de ce qu'il est bien de faire ». La question se pose donc fatalement de savoir comment il est possible d'*établir* le moindre commandement éthique, comment il est possible de *démontrer* que nous avons découvert comment on devait vivre et agir. Sidgwick rejette l'idée qui voudrait que la conduite éthique soit le simple effet d'un ensemble de sentiments ou de tendances naturelles ou encore le résultat d'un dressage social. Il adopte une position qu'on appelle « cognitiviste », autrement dit une position qui admet que la conduite droite est un type de conduite que nous devons apprendre à connaître, ce qui entraîne que nous devons également être en mesure de prouver que nous la connaissons. Sidgwick entend donc par « méthode d'éthique […] une procédure rationnelle par laquelle nous déterminons ce que les êtres humains individuels doivent faire ». Le véritable objet de l'ouvrage est donc d'examiner comment il est possible de prouver qu'une certaine conduite est obligatoire et ce que Sidgwick montrera c'est, à la fois, qu'il y a plusieurs « méthodes d'éthique », mais aussi que chacune de ces méthodes correspond à un type d'éthique distincte, la manière de justifier l'éthique déterminant donc son contenu.

Dans l'extrait que nous avons reproduit, Sidgwick compare l'une à l'autre deux éthiques distinctes. L'une, qu'il appelle « hédonisme égoïste », et qui a son origine dans la philosophie d'Épicure, pose que ce que nous devons faire, c'est ce qui maximisera notre satisfaction sur toute la durée de notre vie. Ce qu'exclut une telle éthique, c'est donc l'imprudence, laquelle nous porterait à nous saisir d'un bien présent, sans tenir compte de la somme de malheur qu'il nous promet pour l'avenir. L'autre éthique mentionnée par Sidgwick, celle de « l'hédonisme universel », dont l'utilitarisme est l'une des versions principales, pose que ce que nous devons faire c'est ce qui maximisera le bien-être universel. Cette éthique a donc pour conséquence notable de nous prescrire, dans certains cas, de sacrifier notre propre bien-être, présent ou à venir, pour assurer un plus grand bien-être global.

Au premier abord, il semble y avoir, entre ces deux types d'éthiques, une dissymétrie évidente quant aux efforts qu'il serait nécessaire de faire pour établir que l'une ou l'autre décrivent correctement la façon dont nous devrions vivre et agir. S'il semble nécessaire de *prouver* que nous devons vouloir préférer le bien-être des autres à notre propre bien-être, il semble en revanche aller de soi que nous devons nous soucier de notre propre bien-être dans le long terme. On pourrait presque dire que si l'hédonisme universel nous *commande* un certain type de conduite, l'hédonisme individuel ne fait que nous *autoriser* à continuer de nous conduire comme, de fait, nous nous conduisons spontanément. Autrement dit, s'il paraît de prime abord *rationnel* de nous soucier de notre propre bien-être, au point que la rationalité pratique se confonde avec la prudence, il est revanche nécessaire de montrer en quoi il serait rationnel, pour nous, d'œuvrer en faveur « du plus grand bonheur pour le plus grand nombre ».

L'intérêt principal du texte de Sidgwick est de montrer que cette dissymétrie pourrait n'être qu'apparente parce qu'elle est le résultat d'une certaine conception de l'identité personnelle que l'on peut contester. Si l'on modifie notre conception ordinaire de l'identité personnelle et, spécialement, notre tendance à voir la personne comme une substance, il apparaîtra que le souci de notre propre bien-être sur le long terme n'a pas l'évidente rationalité qu'on lui prête communément de sorte qu'il faudra *prouver* que l'on doit se soucier de son bien-être à venir, plutôt que de son seul bien-être présent ou du bien-être des autres.

Cette conception modifiée de l'identité personnelle, Sidgwick l'emprunte à Hume. Comme nous l'avons évoqué précédemment[1], Hume a mis en évidence ce qu'il y avait d'équivoque dans l'expression « conscience de soi » et, au delà, dans l'analyse lockienne de la notion de personne.

---

1. Cf. *supra*, p. 32, note.

Lorsque Locke parle du *Self*, du Moi, on a tendance à placer sous ce mot un objet de la conscience dont celle-ci appréhenderait les propriétés. De même que pour penser : « Cette rose est rouge » nous devons percevoir un certain objet *et* l'une de ses propriétés, de même pour penser : « J'ai mal », je devrais avoir conscience de Moi comme ayant mal. Locke ne dit explicitement rien de tel, mais c'est une interprétation qui peut se dégager de la manière dont il parle de la conscience du *Self*. Or, comme le montre Hume, et comme nous y avons nous-mêmes insisté à sa suite, le contenu de la conscience de soi est seulement formé des propriétés que nous nous attribuons. La personne n'est pas un objet de la conscience, mais elle est la conscience qui s'auto-attribue diverses propriétés. Hume en a tiré comme conséquence qu'il n'y avait aucun sens à parler d'identité personnelle, puisqu'il n'y avait nulle entité qui soit susceptible de subsister au long du temps. Ce qui est donné, ce sont des états de conscience qui se succèdent, sans que ces états soient attachés à quelque substance.

Il est donc évident que si l'on partage la position de Hume, le souci que nous avons de notre bien-être dans l'avenir devient problématique. La position de Hume revient en effet à dire que, comme l'écrit Sidgwick, « l'*ego* est un simple système cohérent de phénomènes » de sorte que « le "Je" permanent et identique n'est pas un fait, mais une fiction ». Hume compare en effet le mode d'existence d'une personne à celui d'une nation. Une nation est constituée d'individus dont le mode de relation fait de leur ensemble une nation. La réalité ontologique de la nation consiste donc seulement dans la réalité des individus qui la forme. La nation n'est pas une entité supplémentaire, ayant son propre mode d'être : si tous les individus disparaissaient ou s'ils cessaient d'avoir entre eux une relation de co-citoyenneté, la nation disparaîtrait. De la même manière, une personne est constituée par des états mentaux successifs : des sensations, des sentiments, des perceptions, des croyances, des émotions, etc. Ce sont eux qui ont une réalité ontologique et la personne elle-même n'est qu'un ensemble d'états de ce genre, liés entre eux par des relations qui, aux yeux de Hume, sont des relations de ressemblance, de contiguïté ou de causalité. On appelle « réductionniste » une telle conception de la personne, parce qu'elle réduit la personne à quelque chose qui n'est pas personnel et que l'on peut décrire en « troisième personne ». Or il est évident que si cette conception est correcte, la rationalité du souci de l'avenir devient problématique : car une personne n'est pas une entité susceptible de traverser le temps. C'est un groupement d'états mentaux qui se transforment sans cesse. Il est vrai qu'il existera, associés au même cerveau ou à la même âme, des états mentaux qui, dans l'avenir, formeront un groupement « personnel ». Mais l'ensemble d'états mentaux que je suis présentement n'existera plus dans l'avenir, de sorte que le souci de *son* propre bien-être dans l'avenir n'est que le souci pour la personne transitoire qui me succédera, dans ce cerveau ou dans cette âme, dans l'avenir. Or pourquoi devrais-je me soucier d'elle plutôt que de la personne que je suis, moi, maintenant ? Pourquoi devrais-je me soucier d'elle plus que de n'importe quelle autre personne dans le monde ? Le souci de *mon* avenir n'est rationnel que s'il y a, dans l'avenir, quelque chose qui sera *moi*. Mais c'est là ce qui semble impossible si le mot « moi » ne désigne pas une entité susceptible de traverser le temps, mais un groupement épisodique d'états mentaux.

Cette conception réductionniste de la personne a reçu, à l'époque contemporaine, un développement particulièrement conséquent dans l'ouvrage de Derek Parfit intitulé *Reasons and Persons*[1]. Parfit distingue deux grands types de concep-

---

1. Derek Parfit, *Reasons and Persons,* Oxford, Clarendon Press, 1984[1], 1987[3].

tions de la personne, des conceptions réductionnistes et des conceptions non-réductionnistes. Les conceptions réductionnistes identifient une personne avec un ensemble d'états d'un cerveau individuel[1]. Ces états forment entre eux une série, articulée par la mémoire : un ensemble X d'états mentaux observés en t_1 appartient à la même personne qu'un ensemble Y observé en t_0 s'il existe en X des souvenirs d'états appartenant à Y[2]. Par contraste, selon Parfit, une conception non-réductionniste identifie une personne non pas tant avec un être concret doté de conscience de soi, qu'avec un *ego* cartésien ou quelque entité « supplémentaire » de ce genre. L'essentiel de l'analyse de Parfit consiste à la fois à argumenter en faveur de la conception réductionniste que nous avons présentée, mais aussi et surtout à faire apparaître les conséquences pratiques et même existentielles de l'adoption d'une telle conception comme conception de soi-même. Qu'arriverait-il en effet si nous nous mettions à avoir une conception réductionniste de ce que nous sommes ? Nous serions d'abord, comme le dit Parfit, libérés du Moi, entendons de l'*ego* cartésien. Quand je pense que je suis un *ego*

> je me sens emprisonné en moi-même. Ma vie semble un tunnel de verre au travers duquel j'avance chaque jour un peu plus vite et dont l'extrémité n'est que ténèbres. Quand je change ma conception, les murs du tunnel de verre disparaissent. Je vis maintenant au grand air. Il y a toujours une différence entre ma vie et la vie des autres. Mais cette

1. La même chose vaudrait si on pensait que ce n'est pas le cerveau, mais une âme, distincte du cerveau, qui est responsable de nos états de conscience.

2. Nous n'entrerons pas dans l'examen détaillé de cette conception. Les auteurs qui l'adoptent (à la suite de John Perry, « The Problem of Personal Identity », in *Personal Identity, op. cit.*, p. 3-30), y voient une variante de la conception lockienne que nous avons exposée, une variante immunisée contre l'objection de circularité formulée par l'évêque Butler.

différence est moindre. Les autres me sont plus proches. Je suis moins concerné par le reste de ma propre vie et plus concerné par la vie des autres[1].

En particulier, je suis moins préoccupé par *ma* mort, car que veut dire *ma* mort? La personne qui mourra est située quelque part en aval de la série d'états mentaux dont je suis une étape. En outre, cette série ne s'arrêtera pas totalement avec la disparition du cerveau qui supportait dans l'être cette série d'états mentaux. Il y a aura des états mentaux qui seront influencés par ceux qui me constituent présentement ou qui appartiendront à la série dont je suis une étape, même si ces états mentaux ne seront pas liés à ceux qui me constituent d'une manière aussi étroite que le seront ceux qui leur succéderont demain dans ce même cerveau.

De même donc que le souci de notre propre avenir est influencé par une conception erronée de ce que nous sommes, cette même conception nourrit notre crainte de la mort. En adoptant une conception réductionniste de la personne, en nous efforçant de nous convaincre de sa vérité, le sens de notre existence se transforme et, avec lui, ce que nous jugeons rationnel ou non rationnel de faire. Il devient moins rationnel de sacrifier un bonheur présent à un bonheur à venir. Celui qui s'abstiendrait de fumer pour s'éviter une vie écourtée et une fin douloureuse serait comme quelqu'un qui s'abstiendrait de fumer pour épargner cela à *quelqu'un d'autre*. S'il continuait de le faire, en ayant adopté une conception réductionniste de lui-même, il ne le ferait pas par intérêt ou égoïsme, mais par altruisme. La prudence ne serait plus de la rationalité égoïste, mais une authentique moralité. Se soucier de *son* avenir serait se soucier de l'avenir de la personne qui nous succèdera au bout de cette chaîne d'états mentaux. Le souci de soi devien-

1. *Reasons and Persons*, p. 281.

drait donc une simple province du souci d'autrui et il n'y aurait plus de conflit ou d'antinomie entre universalisme moral et rationalité pratique individuelle. Il ne paraîtrait plus irrationnel, pour un individu, de sacrifier son propre bien-être futur pour assurer celui des autres, puisqu'en réalité, il ne s'agirait que de faire un arbitrage entre le bien-être de diverses *autres* personnes. De la même manière, on aurait moins de réticence à suivre les maximes utilitaristes qui nous invitent à nous soucier de la somme de bien-être global, plus que de la manière dont il est réparti :

> Si nous cessons de croire que les personnes sont des entités existant séparément, et en venons à penser que l'unité d'une vie n'implique rien de plus que les relations variées entre les expériences qui ont lieu dans cette vie, il devient plus plausible d'être plus concerné par la qualité des expériences et moins concernés par ceux qui font ces expériences[1].

Adopter une conception réductionniste de la personne, explorer la voie ouverte par Hume, nous conduirait donc bien, comme l'avait aperçu Sidgwick, à unifier moralité universelle et rationalité individuelle en même temps qu'à libérer nos existences de l'inquiétude.

Peut-on cependant adopter une conception réductionniste de la personne ? On aurait envie de dire : on doit *pouvoir* le faire si cette conception est vraie. Mais il se pourrait tout d'abord que cette conception soit fausse précisément *parce que* nous ne pouvons pas l'adopter. Pour que le réductionnisme produise les effets libérateurs et apaisants que Parfit lui prête, il est en effet nécessaire que nous puissions nous penser nous-mêmes en termes réductionnistes, que nous puissions penser quelque chose comme : « Je suis une association transitoire d'états mentaux et cérébraux dont certains étaient mêlés à

---

1. *Reasons and Persons*, p. 346.

d'autres associations dans le passé ou iront se mêler à d'autres associations dans l'avenir, jusqu'à ce que l'hypostase qui les porte dans l'être cesse de vivre ». Mais y a-t-il un sens à penser cela de nous-mêmes ? Pouvons-nous simplement comprendre une telle phrase ? Il est manifeste que ne pouvons pas comprendre cette phrase « du dedans », comme on formule une pensée en première personne. La conception réductionniste de la personne suggérée par Hume et développée par Parfit est en effet typiquement une conception en troisième personne de la personne. Pour voir une personne comme une série d'états mentaux connectés entre eux par diverses relations, il faut être dans la position d'un observateur. L'observateur voit la série, il voit la connexion entre les termes de la série, il garde la trace ou le souvenir des termes antérieurs de la série. Mais il est manifeste que nous ne nous voyons pas comme cela, parce que nous ne voyons pas ce que voit l'observateur. Nous penser en termes réductionnistes serait donc adopter un point de vue en troisième personne sur nous-mêmes, et non point modifier notre pensée en première personne.

Mais on peut plus radicalement avancer qu'une telle vision en troisième personne de la personne ne peut pas être correcte faute, précisément, d'intégrer à sa description de la personne le fait que celle-ci *est* un point de vue en première personne. Il y a en effet tout d'abord quelque chose que cette conception « objective » de la personne omet manifestement : c'est qu'une personne n'est pas simplement un être qui sent, qui perçoit, qui croit, qui veut, mais c'est un être qui fait tout cela égologiquement, autrement dit qui pense à soi. Une personne n'est pas la succession de n'importe quelle série d'états mentaux, mais la succession d'états mentaux correspondant à des pensées en première personne. Une conception réductionniste adéquate devrait donc préciser que si une personne est une série d'états mentaux, ces états mentaux sont des pensées égologiques ou contiennent des pensées égologiques. Comme l'écrit John Campbell :

> Il est distinctif des personnes qu'elles sont capables d'une pensée en première personne et que leur vie psychologique est organisée autour de cette pensée en première personne : elle est organisée autour de la pensée autobiographique [1].

En outre, une conception réductionniste de la personne bute nécessairement sur le problème de l'individuation de la personne. D'après Parfit, le réductionniste affirme que « l'existence d'une personne consiste uniquement dans l'existence d'un cerveau et d'un corps, et dans l'occurrence de séries d'événements physiques et mentaux interconnectés » [2]. Mais si on affirme qu'une personne c'est un cerveau, un corps et une série d'états physiques et mentaux, comment déterminer en quoi une personne est une personne déterminée, singulière, en quoi elle est *cette* personne ? Comment l'observateur va-t-il individuer chaque personne ? S'il se réfère à l'hypostase qu'elle anime, par exemple à *ce* cerveau, il ne peut plus avancer que la personne est constituée par ses pensées. Une personne ne sera pas une série d'états mentaux, mais un cerveau, de sorte que l'identité de la personne consistera dans celle du cerveau [3]. On sera alors reconduit vers une conception substan-

---

1. J. Campbell, *Past, Space and Self*, chap. 5 : « The Reductionnist View of the Self », p. 178. Les arguments que nous avançons à l'encontre du réductionnisme sont inspirés de la critique de Campbell.

2. D. Parfit, *Reasons and Persons*, p. 211.

3. Il peut paraître absurde d'identifier une personne avec un cerveau, car, s'il était techniquement possible de nous greffer un nouveau cerveau que l'on « reprogrammerait » comme le précédent, nous n'y verrions que du feu. Nous vivrions avec l'*idée* que nous avons le cerveau d'un autre, et cela pourrait nous faire un certain effet, mais ce n'est pas le changement physique lui-même qui aurait cet effet. Mais il est également clair que la quasi-certitude que nous pouvons avoir que cette opération ne sera jamais possible nous délivre un enseignement, qui toutefois porte selon nous moins sur la nature des personnes

tialiste de la personne qui remplacera l'*ego* par le cerveau. Si l'on essaye donc d'échapper à l'individuation par l'hypostase, on est fatalement renvoyé à la solution que nous avons exposée ci-dessus : si une personne est une série de pensées de soi, elle est la personne qu'elle est, *cette* personne, en raison de ce qu'elle pense qu'elle est. Il s'ensuit alors qu'il n'est pas possible de décrire ce qu'est une personne en ne mentionnant qu'une série d'états mentaux non qualifiés, même unis entre eux par une relation spéciale de commémoration. Car ce qui fait de *cette* série d'états mentaux *cette* personne, c'est le *contenu* de ces états mentaux, c'est le fait que ces états mentaux sont des pensées en première personne ayant un certain contenu ou constituant un certain Moi.

Il suit de là, nous semble-t-il, qu'il n'est pas possible de décrire ce qu'est une personne, fût-ce en troisième personne, sans mentionner qu'une personne est une créature qui pense en première personne et qui est la personne qu'elle est en raison de ce qu'elle pense en première personne qu'elle est. Le réductionnisme est donc essentiellement incomplet. Affirmer que « l'existence d'une personne consiste uniquement dans l'existence d'un cerveau et d'un corps, et dans l'occurrence de séries d'événements physiques et mentaux interconnectés » ne permet pas de faire la différence entre une personne et une conscience impersonnelle, comme celle d'un animal dénué de conscience égologique de soi. Cette affirmation ne permet pas non plus de spécifier ce qui fait l'identité psychologique ou la singularité de chaque personne, dès lors qu'on ne peut confier à

que sur les conditions *nécessaires* de leur existence et de leur existence continuée. Autrement dit, cette éventuelle impossibilité technique d'une greffe et d'une re-programmation d'un cerveau implique que seules des créatures dotées d'une cerveau d'un certain degré de complexité peuvent devenir des personnes et que la réincarnation est impossible. Pour une défense de l'identification de la personne avec son cerveau, cf. Stéphane Ferret, *Le philosophe et son scalpel*, Paris, Minuit, 1993.

l'individualité du cerveau ou du corps le soin d'individuer la personne, en tant que personne. Il est donc impossible de décrire ce qu'est une personne du dehors, du moins sans faire mention du contenu et du rôle fonctionnel joué par les « états mentaux » constitutifs de la personne. L'existence d'une personne consiste dans l'existence d'un cerveau et d'un corps *et* dans l'occurrence d'une pensée en première personne qui permet à ce corps d'*agir* dans le monde, d'adopter une conduite intentionnelle.

Le rejet du réductionnisme, en raison de son essentielle incomplétude, n'implique pas cependant que le « non-réductionnisme » est vrai, si du moins on entend par « non-réductionnisme » la thèse selon laquelle la personne serait une entité supplémentaire, en sus du cerveau et du corps, un *ego* substantiel, un sujet transcendant. Il faut en réalité distinguer deux sortes de non-réductionnismes, un non-réductionnisme métaphysique et un non-réductionnisme sémantique. On peut en effet admettre, comme le fait le réductionniste, qu'une personne ne contient pas d'autre entité qu'un cerveau et un corps humains. On peut donc admettre que le réductionnisme n'appauvrit pas la réalité au sens où il omettrait de mentionner un type d'entités irréductibles à celles qui composent le monde physique. Mais en revanche, on peut objecter au réductionnisme que sa manière de décrire ce qu'est une personne tend à réduire la pensée au seul « penser », puisqu'il refuse d'admettre que le *contenu* de nos pensées joue un rôle causal vis-à-vis du type de comportement que peuvent adopter les personnes. Autrement dit, le réductionnisme ne pèche pas parce qu'il omettrait de prendre en compte qu'il y a, dans le composé physique humain, une entité non physique qui *est* la personne. Mais il est déficient parce qu'il refuse de reconnaître, comme constitutif de la personne, le contenu ou le sens des pensées que nous formons et qui font du composé humain que nous sommes une personne. On peut donc rejeter le réductionnisme parce qu'on croit (à tort à notre sens) qu'une personne est une entité *supra*-physique. Mais on peut aussi rejeter le réductionnisme parce qu'on croit que le sens ou le contenu de nos pensées est irréductible aux processus neuronaux ou mentaux qui leur sont sous-jacents. Tel est ce que nous appelons un «non-réductionnisme sémantique». Ce qui fait de nous, composés humains, des personnes, c'est la *façon* dont nous pensons à nous-mêmes et c'est *ce que* nous pensons de nous-mêmes, de sorte qu'il est impossible d'expliquer ce qui fait de nous des personnes sans mentionner cette façon égologique de penser à nous-mêmes. Mais une «façon de penser» n'est pas une entité supplémentaire. C'est une «performance» qui a des propriétés ou des effets que ne permettrait pas d'expliquer la simple mention des processus cérébraux ou mentaux qui lui sont sous-jacents.

Revenons maintenant à notre interrogation de départ : si l'on rejette le réductionnisme d'inspiration humienne de Parfit, faut-il en conclure que le souci de l'avenir devient justifié ?

Il n'est certes plus possible de se penser comme une réunion passagère d'états mentaux. Mais il est vrai également que notre réflexion sur le genre de créatures que nous sommes doit finir par pénétrer notre conscience. En nous demandant ce qu'est une personne, nous apprenons quelque chose sur nous-mêmes et ce que nous apprenons doit donc s'intégrer à ce que nous pensons de nous-mêmes et qui nous fait agir. Nous ne pouvons certes pas dire : «Je suis une réunion passagère d'états mentaux», mais nous *devons* dire : «Je suis une pensée de soi incarnée». Or que s'ensuit-il de cette pensée ? D'un côté, nous n'avons pas à douter que le contenu de nos pensées égologiques ordinaires ou spontanées ne soit vrai : nous sommes vraiment des êtres de chair qui traversons la durée et qui, demain, ferons certaines expériences, aurons certaines intentions, certaines pensées, certains affects. Nous pensons de nous-mêmes que nous sommes des êtres humains et il n'y a nulle raison d'en douter, de sorte que nous devons aussi penser les conséquences de cette pensée, à savoir par exemple, que nous existerons demain, que nous mourrons un jour, etc. Cependant la pensée « Je suis une pensée de soi incarnée » doit désormais pouvoir cohabiter avec toutes ces pensées égologiques ordinaires que les personnes humaines forment spontanément. Or ce que signifie cette pensée, nous l'avons vu abondamment, c'est précisément que je suis une pensée de soi incarnée, bien plus qu'une hypostase pensant à soi. Nous avons vu que la substantialité de notre hypostase expliquait suffisamment, en raison de sa place dans le contenu de nos pensées de soi, que nous puissions continuer de penser certaines choses de nous-mêmes : la conscience de notre corps ou, plutôt, de notre vie incarnée fait clairement partie du cœur du Moi. Mais cela ne suffit pas à faire que nous soyons nous-mêmes, en tant que personne, une substance. Nous nous savons avoir des souvenirs concernant un passé lointain, mais nous savons aussi que rien ne nous assure que la personne qui vécut ce dont nous nous souvenons ait été la personne que nous sommes. Si nous sommes donc nécessairement enclins à penser que nous sommes un être humain qui existera demain, qui fera des expériences, aura des intentions, des affects, etc, nous sommes aussi désormais en position de pouvoir nous demander : mais *qui* fera ces expériences, aura ces intentions, ces pensées, ces affects ? La réponse est que ce sera celui qui en sera conscient, qui les pensera en première personne. Mais est-ce *moi* qui ferai ces expériences ? Quelqu'un *sera* l'expérimentateur conscient de ces expériences, le penseur conscient de ces pensées ; mais ce quelqu'un ne sera *moi* que s'il *est* la somme de pensées, occurrentes et permanentes, que je *suis* présentement. Sera-ce nécessairement le cas ?

Aussi difficile à admettre que cela soit, il nous semble qu'une conséquence directe de la conception de la personne que nous avons exposée, c'est qu'il est, sinon dénué de sens, du moins possiblement erroné de parler de la personne que *nous* serons. Le non-réductionnisme sémantique a fatalement des conséquences en commun avec le réductionnisme, parce qu'ils s'opposent tous deux au non-réductionnisme métaphysique. Une personne n'est pas une substance, elle ne traverse pas le temps comme le font les substances. Ce qui traverse le temps, c'est un certain être humain. Nous pensons fatalement que nous sommes cet être humain, mais nous sommes en réalité la pensée que nous sommes cet être humain (et bien d'autres pensées encore!). Seule notre identification avec notre hypostase nous porte à nous considérer comme une substance. Ce corps que nous sommes traverse le temps. Mais nous sommes la pensée et le sentiment de ce corps et non ce corps même que l'on pourrait maintenir en vie, quoique nous n'y soyons plus. Nous sommes, au présent, une personne. Si les pensées égologiques qui me constituent présentement devaient persister dans l'avenir alors *je* serai encore là dans l'avenir. Mais il n'y a aucune nécessité à ce que cela soit le cas. Quelqu'un mourra, mais *qui* mourra? Peut-être les pensées qui me constituent vont-elles tomber peu à peu les unes après les autres dans l'oubli, de sorte que je disparaîtrai peu à peu, sans mourir, laissant la place à celui qui mourra à *ma* place. Il est vrai que les *autres* verront celui qui sera à ma place comme moi-même. Et ce dernier n'aura pas de raison de ne pas les croire. Il intégrera leur point de vue au sien et parlera de moi comme de lui-même. Mais nous avons beau faire: la dissymétrie du point de vue de la première personne et de la troisième personne est insurmontable. Nous parlons de la personne que nous fûmes. Mais nous ne *comprenons* pas ces phrases comme les autres les comprennent. Ils se souviennent de *nous*. Nous ne nous souvenons que de ce que nous *avons fait*, et non de ce que *nous* avons fait. Nous n'avons certes nulle certitude que *nous* ne serons pas toujours là dans vingt ans: c'est ce qu'on pourrait appeler le «lemme Jean-Jacques Rousseau». Mais cette incertitude suffit, non à nous détourner de l'avenir, mais à mettre un peu d'altruisme dans le rapport que nous avons à celui qui sera à notre place dans l'avenir et qui, *peut-être*, sera encore nous.

Nous sommes des personnes. Des personnes humaines. Mais l'hypostase humaine que nous sommes « subjectivement » ou égologiquement, pourrait rester en vie, quoiqu'elle ne nous impliquât plus. Elle nous précéda même. Nous émergeâmes de son développement. Nous sommes le « personnage » qu'un jour cette hypostase s'est mise à incarner et qui lui colle désormais à la peau.

Ce personnage *naturel*, nous en prenons soin, il nous « intéresse ». Mieux : nous *sommes* cet intérêt. Sans lui, nous quitterions la scène à la fin du jour et une série de proto-personnes épisodiques nous succéderait jusqu'à ce que leur hypostase commune cessât de vivre. Nous sommes toujours en scène et traversons le temps, non point seulement parce que notre hypostase reste en vie, mais parce que nous nous retenons. Mais notre attention peut fléchir. Il faut faire un *effort* pour être sûr de mourir.

TABLE DES MATIÈRES